بسم الله الرحمن الرحيم

﴿ ...رَبَّنَا

ءَاتِنَا مِن لَّدُنكَ رَحْمَةً

وَ هَيِّئْ لَنَا مِنْ أَمْرِنَا رَشَداً ﴾

صدق الله العظيم

(سورة الكهف - من الآية 10)

مقدمـــة

لعلم النفس الإداري تطبيقاته في العمل. إذ يهتم برضا العامل في عمله، كما يهتم بزيادة الإنتاج. متبعا شتى الوسائل من دراسة القدرات والقابليات الشخصية والبيئية للعاملين، وإعدادهم وتدريبهم، لرفع مهاراتهم، وزيادة تكيفهم النفسي ـ وكذلك دراسة الدافعية في العمل، وتحفيز العاملين، ودراسة مشكلاتهم، ومعرفة العوامل النفسية التي ترتبط بها، لمساعدة الإدارة في معالجتها. وقد تطرقنا في كتابنا هذا إلى العديد من الموضوعات ذات العلاقة بالجانب الميداني والعملي لعلم النفس الإداري. راجين أن ينتفع مما جاء فيه من أفكار رجال الإدارة فضلا عن دارسي الإدارة في الجامعات.

ومـــن الله التوفيـــق

الفصل الأول

علم النفس الإداري

الفصل الأول

علم النفس الإداري

يدرس هذا العلم كل الجوانب التطبيقية للفروق الفردية. إذ يحدد المهارات، والمواهب، و القدرات التي يحتاج إليها الموظف في ممارسة بعض الوظائف، و كيفية تقويم أداء العمال، و كيفية تدريبهم لتحسين أدائهم المهني. فهو من أقدم ميادينه علم النفس الصناعي و التنظيمي، بل كان مرادفاً له. و لم يحدث فصلهما إلا بعد أن ظهرت مجالات نالت القسط الوفير من اهتمامات علماء النفس الصناعي و التنظيمي ما جعل علم النفس الإداري تخصصاً فرعياً للمجال ككل.

إن علم النفس الإداري يعد أحد فروع علم النفس التطبيقية، و الواقع أن المفردات التي تتركز عليها اهتمامات علم النفس الإداري، نجد أنها تحظى باهتمام مماثل في علم النفس الصناعي أيضاً ليس ذلك فحسب، بل أن موضوعات مثل القيادة و الروح المعنوية و العلاقات الإنسانية و غيرها تجد مكاناً لها بين مفردات علم النفس الاجتماعي و علم النفس العسكري و غيرها.

لقد كانت الاهتمامات الأولى في علم النفس قد تركزت على السلوك الصناعي، وكان الحديث عن الإدارة يعني في الواقع الإدارة الصناعية و ما يرتبط بذلك كله من زيادة الإنتاج و تحسين نوعيته، وتعد كتابات (تايلور) خير معبر عن ذلك. و هذا يعني أن علم النفس الصناعي كان المدخل التاريخي لظهور علم النفس الإداري.

فلم يمضي وقت طويل على إعلان (فرد ريك تايلور) لمبادئه في الإدارة و لا سيما الخاصة باختيار العمال و وضع العامل المناسب في المكان المناسب حتى بدأت تظهر في مختلف المعامل أقسام خاصة تدعى أقسام المستخدمين تتولى مهمة العناية باختيار العمال و توزيعهم على أماكنهم. و حاولت هذه الأقسام تقديم بعض الأنشطة الترفيهية و تنظيم راحة العمال و تقديم الوجبات الغذائية لهم، و حاولوا جهدهم   إقامة العلاقات الطيبة بين الإدارة و العمال. و كان من النتائج الطيبة التي حققتها هذه الأقسام أن أقنعت الإدارات بأهميتها بشكل عام، و قد حال الكساد الاقتصادي الذي ساد العالم أبان الثلاثينيات دون نمو و تقدم هذه الإدارات.

و بالنظر للحملات الفاشية التي واجهتها الإدارة بسبب المشاكل الاقتصادية و تحميلها وزر المتاعب الاقتصادية في حياة البلاد كان الاتصال بين العمال و الإدارة ضعيفاً جداً.

و لكن الإدارة أعطت أذناً صاغية إلى تعاليم قادة الفكر الإداري، في سياق بحثها عن الحلول التي تجنبها بعض المعضلات، أمثال شليدون و فوليت و ماير.

و هكذا راحت الإدارة من جديد تجرب اتجاهات العلاقات الإنسانية و تتثبت بأية وسيلة تبشر بالنجاح.

و هكذا بدأت تقوي دعائم العلاقات الإنسانية، و استقرت كفلسفة ناشئة للإدارة. ثم أنه بزيادة فهمها و تقديرها كانت أثارها على الحالة العامة للصناعة طيبة. و لذلك فقد أثارت المزيد من اهتمام الناس بها و إقبالهم على دراستها، و بدأت الجامعات تعكس هذه الفلسفة الجديدة في مناهجها الدراسية ثم بدأت بإعداد برامج تدريبية للمشرفين على نمط مفاهيم الاتجاه الإداري الجديد فصادفت هذه البرامج بعض النجاح. ودعت الحاجة إلى المزيد من الإنتاج و حسن الإشراف و حفظ حالات الصراع و المشكلات في جو العمل و دفعت كل هذه إلى توفير برامج و إجراء

دراسات و أبحاث ترمي التوصل إلى أفضل صيغ و مبادئ العلاقات الإنسانية السليمة في مختلف المؤسسات.

و نتيجة للجهود العلمية التي بـذلت في مجـال الإدارة، فقـد أمكـن التوصـل إلى أفكار جديدة و لعل من أهمها:-

- الانصراف عن الصورة التسلطية للإدارة و الاقتراب أكثر إلى الصورة الديمقراطية.

- المحاولات المستمرة لخفض الضائع و التـالف و زيادة الصيانة و الوقاية في كل من الأفراد و المهمات و ذلك باستئصال الفاقد بالأسلوب العلمي.

- بدأ الإداريون يشعرون بسوء حالـة العـاملين لـديهم و ضرورة الإحسـاس بمشكلاتهم و توفير احتياجاتهم و العناية بمشكلاتهم الصحية و هذا الشعور أدى إلى تحسين الظروف العمل الطبيعية من الإضاءة و التهوية و النظافة المكانية، و امتـدت العناية إلى بعض العاملين خارج مكان العمل إلى حياتهم المنزلية و مستوى معيشتهم.

- و مـا بـين عـام (1930- 1950) أخـذت العديد مـن الشـركات باتبـاع سياسـة الأجور المضمونة معترفة بالتزامها الأدبي نحو مستخدميها و الحفـاظ عـلى رفاهيتهم، و بـذلك حل مبدأ تقليل ساعات العمل و رفع الأجور بصفتها الطريق إلى ارتفاع الإنتاج و خفض تكاليف الوحدة و هو عكس ما كان سائداً قبل أيام (تايلور) حيث كانت الإدارة تعتبر أن ساعات العمل الطويل و الأجور المنخفضة أساساً أولياً لخفض تكاليف الإنتاج، و هذا الانقلاب لم يكن وليد يقظة روحية من جانب الإدارة، فالأمر على العكس إذ أنه حدث لأن المديرين تبينوا أن (تايلور) على حق عندما نادى بأن الأجور المرتفعة من العناصر التي تؤثر في

بيئة العامل كما تؤثر في اتجاهه الذهني نحو عمله. و أن حالته النفسية لها أثر مباشر قاطع على مستوى أدائه كماً و نوعاً.

و هكذا نجد أن فلسفة الإدارة تمكنت من قلب سياسة إدارية ظلت راسخة زمناً طويلاً و قد تأثر بالاتجاهات الجديدة ركن أخر من أركان العمل الإداري و هو عملية صنع القرارات فحدث تغير شامل فيها، إذ كان المديرون يصنعون قراراتهم على أساس العاطفة و الإلهام و التخمين و الخبرة الشخصية، فحل محلها الاتجاه العلمي، و كان لتطور الحاسوب دوراً كبير في تطوير اتجاه الإدارة في صنع القرارات. إذ ساعدت وفرة المعلومات و دقتها و تنوع مصادر على استخدامها و الاعتماد عليها في إصدار القرارات و ترشيدها.

- إحلال مفهوم جديد عن الإدارة. و هو المفهوم الواسع الذي يشير إلى واجب الإدارة في المرتبة الأولى نحو عملائها و نحو الجمهور و نحو العاملين معها، بدلاً من المفهوم الذي كان يرى الإدارة من الناحية القانونية و الأدبية في المندوب الأول عن المستثمر أو وكلاء لحملة الأسهم، و زاد التركيز على الاتجاه الواسع في الستينات و السبعينات و هو الاتجاه الذي يكسب الإدارة الالتزام الأدبي و المجتمعي في مجال الوطنية الجماعية الصالحة.

- انتقاء المديرين الجيدين الذين يمتلكون القدرة و المهارة في السهر على الموارد الضخمة، و الذين يؤمنون بأن رفاهية العامل و رفاهية المجتمع يوازيان من حيث الأهمية مصالح أصحاب العمل و العملاء.

إن الإدارة كعملية تعني القدرة على تنسيق و ترتيب العديد من ضروب لنشاط الاجتماعي. فالحديث عن الإدارة يبدأ مع الحديث عن الحياة الاجتماعية المنظمة. و هكذا ظهرت حاجة ماسة إلى النظر للإدارة في ذاتها على إنها مظهر تعاون إنساني يحقق غرضاً معيناً هو الربح و الخدمة. غير أن اتساع إطار علم النفس

الإداري بالمقارنة مع علم النفس الصناعي لا يعني أنهما مستقلان عن بعضهما كلياً، إذ أن الكثير من معطيات و نتائج و دراسات علم النفس الصناعي تستثمر   في سياق العمليات الإدارية المختلفة.

إن الاهتمام بدراسة السلوك في العمل و التنظيمات يرجع إلى آلاف السنين إذ يمكن أن نجد كتابات في هـذا الاتجاه في مصر ـ القديمـة   و في الصين، غـير أن الاهتمامـات العلميـة الحديثة ذات جذور تتصل بعلم النفس الصناعي الذي يبدأ تاريخه العلمي مع علـم الـنفس الإداري مع بدايات القرن العشرين.

علم النفس الإداري يركز اهتماماته على موضوعات معينة من أهمها:-

1. الإدارة سلوك إنساني يتأثر بخصائص الشخصية و الفروق الفردية و تلعب عمليات التعلم و الإدراك دورها السلبي والايجابي في التأثير عليه ويستهدف علم النفس لإداري في ذلك تحقيق أقصى قدر من كفاءة الأداء الإداري.

2. دراسة الجماعات من حيث عوامل ظهورها و أنواعها و عمليات التفاعل بـين أعضـائها و صلاتها ببعضها و بمصادر السلطة و القيادة الإدارية و تـأثير ذلـك كلـه علـى شكل التنظيم وأهدافه.

3. دراسة القيادة باختلاف أنماطها و أثارها على سلوك العاملين، و علـى بنـاء التنظيم و وظائفه و مدى تحقيقه لأهدافه.

4. دراسة علاقة الفرد بالتنظيم الرسمي و مدى اندماجه فيه، و رضاه عن عملـه وعوامـل الإحباط التي تواجهه و مدى أدائه للأدوار المناطة به و تقويمه لمنزلته داخل التنظيم.

5. دراسة علاقة الفرد بالتنظيمات غير الرسمية و مدى تأثيرها على دوره في التنظيم.

6. دراسة أثار التغيير البنائي و التنظيمي على السلوك الإداري و مدى استجابته لتلك التغيرات و تكيفه لها و انسجامها مع اتجاهاته.

7. دراسة الحاجات الإنسانية للعاملين و مدى إرضائها و معوقات ذلك.

8. دراسة مشكلات العمل ذات الأبعاد النفسية كالصراع و الشعور بعدم الرضا عن العمل و التعب و الأمراض النفسية ذات الصلة بالعمل.

ويرى (عبد الكريم محسن باقر و كريم محمد حمزة) إن على المهتم بعلم النفس الإداري أن يضع باعتباره الحقائق التالية:-

أ-إن عليه أن يطبق مناهج البحث العلمي المعروفة في علم النفس و في المناهج ذات المراحل المتساندة وظيفياً، و المتسلسلة منطقياً، و لا بد أن يكون ملماً بمضامين تلك المناهج و أطرافها المعرفية، و بالإجراءات التطبيقية الضرورية للحصول على البيانات و تحليلها.

ب-أن يكون مطلعاً على الدراسات النفسية سواء في علم النفس العام أو في غيره من الفروع النظرية و التطبيقية، كون تلك الفروع بموضوعات تتداخل مع تلك التي يهتم بها علم النفس الإداري.

ج- إن علم النفس الإداري و علم النفس عموماً، لا ينفصل عن بعض العلوم المهتمة بالإنسان و في مقدمتها علم الإجماع والإدارة و السياسة و غيرها مما يسمى بالعلوم السلوكية.

د-بالنسبة للدارسين العرب لا بد من الوعي بحقيقة أن علم النفس استمد نتائجه و تصوراته من المجتمعات الغربية و بالتالي فأن تعميم النتائج ينبغي أن يكون مصحوباً بالحذر، و لا بد من تنمية الأطر مقارنة في البحث و استخلاص ما يمكن تطبيقه على مجتمعنا العربي بدلاً من السقوط في أخطاء الاقتباس أو النقل الحرفي الذي يفتقر بالضرورة إلى الإبداع و الإضافة الواضحة.

الفصل الثاني

التنظيم و المنظمات

الفصل الثاني
التنظيم و المنظمات

نعيش اليوم معظم وقتنا في منظمات معينة، و نجد أن رفاهية المجتمع و تقدمه يتوقفان على كفاءة و نجاح المنظمات في توفير الإنتاج المستمر من السلع و الخدمات التي يحتاجها المجتمع. فإنسان اليوم مرتبط ارتباطاً وثيقاً بعدد من هذه المنظمات المختلفة. سواء كانت منظمات خدمات، مثل المدرسة و الجامعة أو المنظمات الإنتاجية كالمؤسسات التموينية و غيرها.

لقد شهد القرن الماضي نمواً تنظيمياً واسع النطاق، فرضته التغيرات الاجتماعية و السياسية والاقتصادية الحادة التي أصابت المجتمعات الحديثة، وعاونت عليه بعض الاتجاهات الفكرية التي آمنت بأن التنظيمات الحديثة هي أكبر الأشكال التنظيمية قدرة على تحقيق الأهداف التي أنشئت من أجلها، و أنها هي النتاج الحقيقي للحضارة الحديثة التي تؤمن بالترشيد و الفعالية و الكفاية.

ويمكن تعريف المنظمة بأنها تعاقد أو أتفاق شخصين أو أكثر على تحقيق هدف معين مشترك. و يقصد بها أيضاً كل جماعة أو وحدة اجتماعية يرتبط أعضاؤها فيما بينهم من خلال شبكة علاقات و اتصالات تنظمها و تسهر على استمرارها مجموعة من المعايير و القيم الاجتماعية.

و يعرفها بعض الباحثين بأنها:- نسق ثابت من الأفراد الذين يشتغلون مع بعض - في إطار هيكل للسلطة و نظام تقسيم العمل - لتحقيق أهداف مشتركة. ويؤكد هذا التعريف على خاصية هامة من خواص المنظمة و هي خاصية الثبات عبر

الـزمن. فالثبـات أو الاسـتقرار النسـبي للمنظمـة يـوفر جـواً ملائمـاً للتحقيـق والتنبـؤ والتيقن من تحقيق الأهداف التنظيمية المرجوة.

أن أهميـة المـنظمات تتركـز في أنهـا تسـيطر عـلى الجوانـب الآتيـة في المجتمع:-

1. استثمار الموارد المتاحة و تنمية مصادر جديدة للطاقة لاستخدامها في عمليات الإنتاج.

2. إدارة عمليات إنتاج الثـروة القومية و الحفـاظ عليهـا و تنميتهـا بمـا يحقـق درجـات متصاعدة باستمرار من الناتج القومي.

3. تعد المنظمات المستخدم الأساس لقوة العمل في المجتمع. وهي قادرة على خلق فرص لاستخدام و إتاحة المجال أمام أعداد متزايدة من طالبي العمل.

4. تمارس المنظمات تأثيراً هاماً على حياة المجتمع مـن النواحي الاقتصادية والسياسية و الثقافية. و بقدر تطورها و تعاونها يكون مستوى التقدم و الرفاهيـة الـذي يحققـه المجتمع.

بعض السمات الرئيسة للمنظمات:

يمكن بيان السمات الرئيسة للمنظمات بالآتي:-

1. **الهدف:-**

تهدف كل المنظمـات إلى إنتاج سلعة معينة أو تقديم خدمات مختلفة بدرجات معينـة من الكفاءة و الفعالية و الإنتاجية. فلا توجد منظمة بدون هدف. والمنظمات الحديثة كبيرة الحجم و معقدة، و كثيراً ما تكون ذات أهـداف متعددة مـع مصالح كـل المشاركين بهـا كأصحاب الأسهم والمديرين والعمال والزبائن و غيرهم.

2. **تقسيم العمل:-**

يقوم أعضاء المنظمات بمهام مختلفة تتمثل في تخصيص دقيق للأدوار الاجتماعية و التنظيمية و تقسيم واضح لأنواع الأنشطة المترابطة تؤدي هذه الخاصية إلى التخصص الذي يؤدي بدوره إلى تحسين كفاءة الأفراد.

3. **الترابط:-**

يتطلب التخصص الدقيق في العمل إيجاد نوع من الترابط و التنسيق بين المهام و الواجبات المختلفة للعاملين بغرض تحقيق المنتج النهائي. و هذا يعني ضرورة العمل الجماعي الذي تزداد قيمته و أهميته في المنظمات. فبالترابط يمكن تحقيق العمل المنسجم في المنظمة.

4. **الانتظام:-**

ومعناه أن يتصف العمل بالانتظام والثبات والاستمرار. و ذلك ما يسمح بالتوقع بعكس الأفعال الفردية التي لا يستطيع الفرد التنبؤ بها أو توقعها.

5. **تسلسل السلطة:-**

و يعني التنسيق في العمل، و توزيع المسؤوليات تبعاً لمقاييس دقيقة. فأن كيفية استعمال السلطة لتحقيق الفعالية التنظيمية يعد المحور الأساسي لأي تنظيم .

6. **اللائحة:-**

و يقصد بها القواعد و القوانين التي تحدد بدقة واجبات الأدوار و توقعاتها وهذا يؤدي إلى عدم شعور العاملين والمرؤوسين بالخضوع لرؤسائهم المباشرين، ويؤدي أيضاً إلى منع هؤلاء الرؤساء من الاستغلال الشخصي لمرؤوسيه.

7 . العقلانية الواعية:-

فكـل منظمة تحاول أن تكون عقلانية بقدر المستطاع. فكـل فعـل أو سـلوك لأعضـائها يتوقع أن يكون منطقياً فمثلاً من المنطقي تخفيض تكلفة المنتجات أو الخدمات.

8 .اللاشخصية:-

فالمعاملات في المنظمة رسمية لا تتأثر بالمحاباة. و هـي ليسـت شخصـية و خاليـة مـن كلية العواطف و المشاعر، فالقرارات لا تتخذ إلا على أساس القواعد و اللـوائح وليس علـى أساس اعتبارات أخرى غير عقلانية أو موضوعية.

نظريات التنظيم

مرت نظرية التنظيم بثلاث مراحل رئيسية هي:-

1. نظرية التنظيم الكلاسيكية.
2. نظرية التنظيم الكلاسيكية المعدلة.
3. نظرية التنظيم الحديثة.

1. النظرية الكلاسيكية للتنظيم:

إن الاهتمام الأساس للنظرية الكلاسيكية قد أنصب على العمليات الإنتاجية والفنية و النواحي الفسيولوجية للعاملين. مستهدفة من وراء ذلك تحسين الكفاءة الإنتاجية للأفراد و المكائن و المعدات و الآلات و الأجهزة و زيادتها باطراد والتي تعد بذات الوقت الأركان أو الأسس الرئيسية لنظرية التنظيم الكلاسيكية و هي:-

أ. <u>مبدأ تقسيم العمل و التخصص:-</u> فكل فرد في التنظيم يتخصص بأداء جزء محدد من عمل أو وظيفة معينة. و تفرض هذه النظرية أن التخصص سيؤدي إلى زيادة و تحسين الكفاءة الإنتاجية للعاملين، لما يكتسبه الفرد من خبرة و معرفة دقيقة و إتقان لعمله نتيجة استمراره بأداء نفس المهنة أو العمل. فتجعله يعمل بسرعة أعلى و نوعية أفضل.

ب. <u>مبدأ تدرج السلطة و التقسيم الوظيفي:-</u> و يرتبط بالنمو الرأسي والأفقي للتنظيم. أي أن عملية التدرج تؤدي إلى نمو و زيادة سلسلة الأوامر أي: (النمو الهرمي المتدرج للسلطة نحو الأسفل عن طريق إضافة مستويات تنظيم جديدة للهيكل التنظيمي)، عمليات تفويض السلطة وتحديد المسؤولية، و وحدة الأوامر (النمو العمودي للتنظيم).

ج. <u>هيكل التنظيم الرسمي:-</u> و يشير إلى العلاقات الموضوعية التي تربط بين الوظائف الموجودة في التنظيم مرتبة بالشكل الذي يمكنها من تحقيق أهدافها التنظيمية بكفاءة و فاعلية.

د. <u>مبدأ نطاق الإشراف:-</u> و يشير إلى عدد المرؤوسين الذين يمكن للمدير أن يشرف عليهم بفاعلية. و ذلك لأن للفرد قدرات محددة للإشراف والقيادة على عدد معين من الأشخاص فكلما قل عدد الأفراد الذين يشرف عليهم كلما تزداد كفاءته الإدارية.

إن هذه النظرية تتميز بالخصائص الآتية:-

- أن محورها الرئيس كان تقسيم العمل. فهي تفرض أن التخصص يؤدي إلى تحسين و زيادة الإنتاج إلا أنه أتضح للكثير من العاملين أن ذلك قد يؤدي إلى الملل والسأم و هبوط الروح المعنوية. كما قد يفضي التخصص الدقيق

إلى عدم استغلال كل طاقات الفرد وامكاناته نتيجة تخصصه بجزء صغير من العمل كان بالإمكان الاستفادة منها في مجالات أفضل.

- إن هذه النظرية تفترض العقلانية و الرشد لدى أعضاء التنظيم. أن الرشد الإنساني محدود و مقيد بقدرات الفرد الذاتية ومكوناته الفسيولوجي وحالته النفسية، أي أن الرشد الإنساني المطلق لا وجود له.

- إن الكلاسيكية افترضت بأن الأفراد يسعون فقط إلى تعظيم الدخل الذي يحصلون عليه. و أغفلت الحاجات الاجتماعية والنفسية للفرد. كالحاجة إلى الانتماء و المركز الاجتماعي و تقدير الذات.

- افترضت هذه النظرية أن هناك نظاماً رسمياً يربط أجزاء و مكونات التنظيم ببعضها و الرد على ذلك ظهور تنظيمات و جماعات غير رسمية، تظهر داخل التنظيم الرسمي بسبب التفاعلات المتداخلة و المعقدة بين الأفراد.

- و تفرض أيضاً أن السلطة التي يتيحها المركز الرسمي الذي يشغله الفرد في التنظيم، هي المصدر الوحيد للتأثير على المرؤوسين و لكن كثيراً ما تكون السلطة الرسمية غير مجدية في أحداث الأثر المطلوب.

إذن على الرغم من أن الكثير من مبادئ النظرية الكلاسيكية للتنظيم لا زالت قائمة و تستخدم على نطاق واسع في المنظمات باعتبارها مبادئ تنظيمية أساسية و ضرورية للتنظيم. إلا أن الكثير من مظاهر التناقض و الكثير من الانتقادات تحد من أهميته النظرية الكلاسيكية للتنظيم.

2. النظرية الكلاسيكية المعدلة (حركة العلاقات الإنسانية):

لقد اهتمت هذه النظرية بدور العنصر الإنساني و عدته المتغير الرئيس في إحداث السلوك التنظيمي. و كذلك بأهمية التنظيم غير الرسمي و تأثيره على هذا السلوك. و تمثل تجارب و دراسات مصانع هوثورن التابعة لشركة وسترن الكتريك الأمريكية التي أجراها التون مايو خلال الفترة 1927- 1932 أبرز و أهم الدراسات التي ساهمت في بلورة و ظهور الاتجاه الإنساني.

إذ كانت تستهدف في أول الأمر قياس و معرفة أثر ظروف وبيئة العمل وعناصر أخرى مرتبطة بها على الإنتاجية فتوصلت إلى عدد من الافتراضات:-

أ. إن القدرات الفسيولوجية لا تؤثر على مستوى إنتاجية الفرد. أي: لا تأثير لها على كمية أو حجم العمل الذي يمكن أن يسهم به الفرد داخل التنظيم.

ب. إن الحوافز و المكافآت المعنوية (غير الاقتصادية) تلعب دوراً رئيساً في تحفيز الأفراد للقيام بأعمالهم. و كذالك في تحقيق رضاهم عن تلك الأعمال.

ج. ليس من الضروري أن يكون التخصص أفضل نمط أو صيغة تنظيمية تؤدي إلى زيادة و تحسين الكفاءة الإنتاجية. بل العكس قد يكون صحيحاً.

د. إن للجماعات غير الرسمية أثر كبير على سلوك الأفراد العاملين. ويعني هذا؛ أن العاملين يتصرفون تجاه الإدارة و أهدافها و سياساتها و إجراءاتها و برامجها كأعضاء في جماعات قائمة، و ليس كأفراد منعزلين عن بعضهم البعض.

و بناء على هذه الفروض، ترى هذه النظرية أن الوسائل المناسبة لإشباع الحاجات و الرغبات الإنسانية لأعضاء التنظيم بهدف إحداث الأثر الايجابي على إنتاجية العاملين، باتجاه زيادة مستوياتها و تحسين نوعيتها، وصولاً للسلوك التنظيمي المرغوب. و تتمثل في المتغيرات التالية: **القيادة الديمقراطية و المشاركة، والاتصال.**

- **القيادة الديمقراطيـة والمشاركة:-** إن إتبـاع أساليب ديمقراطيـة في القيادة تـؤمن بدور العاملين و أهميتهم في المنظمة و ذلك بإشراك أعضاء التنظيم غـير الرسـمي ممثلين بقيـادة ذلك التنظيم في تحديـد الأهـداف و صياغة الخطـط و رسـم السياسات التنظيمية وصنع القرارات.

- **الاتصالات:-** لنظام الاتصالات هو الأخر دور هام يتلخص في تطوير ورفع مسـتوى كفاءة و فعالية الاتصالات بين الإدارة و العاملين من جهـة وبين الجماعـات التي ينتمي إليها العاملون مع بعضهم من جهة أخرى مـما يـؤدي إلى تحفيـز أعضاء التنظيم و يمكنهم من حل ما يعترضهم من مشاكل و صعوبات مع الإدارة.

إن النظرية الكلاسيكية المعدلة باعتمادها على محوري الفرد والتنظيم غير الرسمي كمتغيرين أساسيين للسلوك التنظيمي، قد وضعت يدها على الثغرات والنواقص التي حفلت بها النظرية الكلاسيكية (التي ركزت على عنصري العمل والهيكل التنظيمي و أهملت العنصر البشري). إلا أنها من جانب أخر بالغت في تركيزها على الجانب الإنساني و أهملت الجوانب الأخرى في التنظيم فلم تكترث لأهمية الدور الذي يلعبه التنظيم الرسمي و الحوافز المادية في التأثير على إنتاجية الفرد و سلوكه.

3. النظرية الحديثة للتنظيم

من استعراضنا السابق للنظريتين، يتضح أن الأسلوب التقليدي في تنظيم المشروعات لم تعد صالحة أو مناسبة للتنظيمات الحديثة. و بالتالي فقد بدأت أشكال هيكلية جديدة في الظهور لمقابلة عناصر النمو و التغيير و التعقيد الموجودة في هذه التنظيمات.

إن الثغرات و النواقص التي رافقت حركة العلاقات الإنسانية، كانت وراء ظهور النظرية الحديثة للتنظيم. ولعل أهم ما يميز هذه النظرية عن النظريات الأخرى للتنظيم كونها تمتلك الخصائص التالية، والتي يلخصها وليم سكوت بالآتي:-

- الأساس التحليلي الذي ارتكزت عليه.

- اعتمادها على ما فرته البحوث التجريبية من بيانات و خصائص ومعلومات.

- طبيعتها التكاملية.

إن النظرية الحديثة للتنظيم قد بلورت بهذه الخصائص الثلاث إطاراً فلسفياً يسمح بقبول الطريقة التي تنظر أو تدرس التنظيم (المنظمة) كنظام. و هي بذلك يتساوق إلى حد كبير مع مدخل أو نظرية النظم التي ترى التنظيم كنظام مركب يضم مجموعة من المتغيرات (أنظمة فرعية) التي تتعامل مع بعضها البعض بطريقة اعتمادية تؤلف بمجموعها كياناً كلياً موحداً. لذلك نجد أن النظرية الحديثة للتنظيم تثير عدد من الأسئلة- قبولاً منها لمنهج تحليل النظم-التي تجاهلتها النظريتان الكلاسيكية و الكلاسيكية المعدلة أو عالجتا تلك الأسئلة بصورة جزئية و هي:-

- ما هي الأجزاء الإستراتيجية للنظام؟.

- ما هي طبيعة العلاقات المتبادلة التي ترتبط بها أجزاء النظام مع بعضها؟.

- ما هي العمليات الرئيسية التي تجري داخل النظام والتي تشد أجزاء النظام و تسهل تكييف تلك الأجزاء مع بعضها؟.

أجزاء النظام و علاقتها التبادلية:

1. حدد سكوت خمسة أجزاء رئيسية للتنظيم هي:-

أ. الفرد بتركيبه الفسيولوجي (الجهاز العصبي، الأعضاء الحسية، العضلات، الغدد)، والنفسي (الدوافع، الإدراك، التعلم، مكونات شخصية)، الذي يتحكم في تحديد توقعاته التي يأمل أن يشبعها مقابل اشتراكه و مساهمته في التنظيم.

ب. التنظيم الرسمي:- و يمثل هذا الجزء الترتيب الرسمي للوظائف و هو نمط متداخل من الأعمال تشكل بمجموعها هيكل النظام ويتألف من ثلاث أنظمة فرعية هي: (الهيكل، والعمليات، والتكنولوجيا).

ج. التنظيم غير الرسمي:-أن هناك نمط تفاعلي بين الفرد و التنظيم غير الرسمي، الذي له متطلبات معينة يتطلب من أعضائها القيام بها على شكل أنماط سلوكية متوقعة. و بالمقابل فأن للفرد توقعات يأمل إشباعها عن طريق تعاونه و ارتباطه مع الآخرين العاملين معه.

د. المراكز و الأدوار:-و يبني المركز مجموعة من الوظائف التي ينظمها الهيكل التنظيمي الرسمي و غير الرسمي. تلك الوظائف التي يشغلها أعضاء التنظيم، أي إن إشغال الفرد الوظيفة داخل التنظيم، يعني أنه أحتل مركز وظيفي معين و لكل وظيفة مجموعة من المطالب و الواجبات (أنشطة وفعاليات) مرتبطة بكل مركز.

هـ . البيئة المادية:- هناك تفاعلات و علاقات تبادلية واسعة تحدث بين النظم المعقدة (الفرد – الآلة)، الموجودة في البيئة المادية للعمل. وأن المشكلات التي تنشأ بسبب تلك التفاعلات و العلاقات المتداخلة لا يمكن النظر إليها من زاوية فنية صرفة، بل يجب الاهتمام بردود الفعل الإنسانية المستمدة من التنظيم المنطقي لوظيفة الإنتاج.

العمليات الرابطة للنظام:

و تتمثل في ثلاث عمليات رئيسية تساهم في ربط أجزاء النظام ببعضها و إطالة حياته و هي:-

أ. الاتصالات:- فالنظام في المؤسسة يتألف من أجزاء مترابطة مع بعضها، والاتصال يسمح لتلك الأجزاء أن تتبادل المعلومات. أي: يستقبل معلومات كثيرة من البيئة المحيطة، و يزود أجزاء النظام بها. كما يقوم بخزن و حفظ المعلومات ليعيد توزيعها مرة أخرى داخل النظام عند الحاجة.

ب. التوازن:- فالنظام يستطيع أن يستعيد توازنه عندما يتعرض للاختلال بصورة تلقائية من خلال القيام بعمليات السيطرة و التعديل والتصحيح والتكيف. فلكل نظام برنامج خاص للنشاطات يستهدف منه الحفاظ على استقراره و توازنه.

ج. اتخاذ القرارات:- وهي أحدى المتغيرات الداخلية في التنظيم، والتي تعتمد على الوظائف و الأعمال و على توقعات و دوافع الأفراد، والهيكل التنظيمي و هي نوعان:-

- قرارات الأداء و الإنجاز.

- قرارات الأفراد بشأن المشاركة.

الفصل الثالث
القيـــادة

الفصل الثالث
القيـــــادة

تعرف القيادة بأنها القدرة على التأثير على الآخرين و توجيه سلوكهم لتحقيق أهداف مشتركة، فهي إذن مسؤولية تجاه المجموعة المقادة للوصول إلى الأهداف المرسومة، و تعرف أيضاً بأنها: عملية تعرف إلى التأثير على سلوك الأفراد و تنسيق جهودهم لتحقيق أهداف معينة، و القائد هو الشخص الذي يستخدم نفوذه و قوته ليؤثر على سلوك و توجيهات الأفراد من حوله لإنجاز أهداف محددة أعلى. و عليه فأهمية القيادة تكمن في:-

1. إنها حلقة الوصل بين العاملين و بين خطط المؤسسة و تصوراتها المستقبلية.

2. إنها البوتقة التي تنصهر داخلها كافة المفاهيم و الاستراتيجيات والسياسات.

3. تدعيم القوى الايجابية في المؤسسة وتقليص الجوانب السلبية قدر الإمكان.

4. السيطرة على مشكلات العمل و حلها و حسم الخلافات والترجيح بين الآراء.

5. تنمية و تدريب و رعاية الأفراد باعتبارهم أهم مورد للمؤسسة، كما أن الأفراد يتخذون من القائد قدوة لهم.

6. مواكبة التغيرات المحيطة و توظيفها لخدمة المؤسسة.

7. إنها تسهل للمؤسسة تحقيق الأهداف المرسومة.

إن من متطلبات القيادة و عناصرها الرئيسية:-

- **التأثير**: و الذي يعني القدرة على أحداث تغير ما أو إيجاد قناعة ما.

- **النفوذ**: هو القدرة على أحداث أمر أو منعه، و هو مرتبط بالقدرات الذاتية وليس المركز.

- **السلطة القانونية**: و هي الحق المعطى للقائد في أن يتصرف و يطاع.

و عليه فعناصر القيادة إذن: وجود مجموعة من الأفراد، الاتفاق على أهداف للمجموعة تسعى للوصول إليها، وجود قائد من المجموعة ذو تأثير و فر إداري صائب و قادر على التأثير الايجابي في سلوك المجموعة.

الفرق بين القيادة و الإدارة

لا بد من التمييز بين مفهومي المدير و القائد فالمدير هو عبارة عن الشخص الذي يؤدي الوظائف الإدارية مثل التخطيط التنظيم و التوجيه و الرقابة و يشغل مكان رسمي في المؤسسة كمدير المخازن أو مدير المبيعات و هو ذلك الشخص الذي يدير شؤون هذا الجانب أو ذاك في المؤسسة، أما القائد فهو أي فرد يملك القوة على التأثير في الآخرين بهدف تحقيق بعض الأهداف المشتركة، و ليس بالضرورة أن تجمع الإدارة و القيادة في الوقت نفسه.

إن الحديث عن القيادة قديم قدم التاريخ، بينما الحديث عن الإدارة لم يبدأ إلا في العقود الأخيرة و مع ذلك فالقيادة فرع من علم الإدارة.

تركز الإدارة على أربع عمليات رئيسية هي: التخطيط، التنظيم، التوجيه الإشراف ، والرقابة.

بينما تركز القيادة على ثلاث عمليات رئيسية هي:

أ- تحديد الاتجاه و الرؤية.

ب- حشد القوى تحت هذه الرؤيا.

ج- التحضير و شحذ الهمم.

إن القيـادة ترتكـز عـلى العاطفـة بينـما ترتكـز الإدارة عـلى المنطـق، و تهـتم القيـادة بالكليات (اختيار العمل الصحيح) بينما تهتم الإدارة بالجزئيات و التفاصيل (اختيار الطريقة الصحيحة للعمل) و تشتركان في تحقيق الهدف و خلق الجـو المناسب لتحقيقـه، ثم التأكـد من إنجاز المطلوب وفقاً لأسس و معايير معينة.

و قد قدم دان هنـدركس Dan Hendrix بهـذا الصـدد قائمـة الفـروق بين الإدارة و القيادة لخصها فيما يأتي:-

1. القيادة صفة، و الإدارة علم و فن.

2. القيادة تزود الفرد بالقدرة على التخيل، و الإدارة تحول الفرد إلى المنظـور الـواقعي (العلاقة الصحيحة بين الأشياء).

3. القيادة تعالج المفاهيم، و الإدارة تربط الوظائف بعضها البعض .

4. القيادة تمارس الإيمان، الإدارة تهتم بالحقائق.

5. القيادة تبحث عن الفاعلية، و الإدارة تكافح في سبيل الكفاءة.

6. القيادة هي التأثير على الموارد الكامنة الصالحة، و الإدارة هي تنسيق بين المـوارد المتاحة للوصول إلى أقصى إنجاز.

7. القيادة تزدهر بتوفر الفرص، والإدارة تنتج بالإنجاز.

نظريات القيادة

لقد شغلت ظاهرة القيـادة الجـنس البشـري منـذ حقبـة طويلـة مـن الـزمن وكان طبيعياً أن تصدر فيها أراء كثيرة و أن تقدم حولها بحوث عديدة، للوقوف على طبيعتها و أبعادها و مقوماتها. و قد أسفرت هذه البحوث عـن نتائج مفيدة وحقائق عـن ظاهرة القيادة والقادة.

و من النظريات الأساسية المهمة التي اهتمت بالقيادة و أوضحت أهم معالمها:-

أولاً: نظرية الرجل العظيم

تقوم هذه النظرية على الافتراض القائم بأن التغيرات الجوهرية العميقة التي حـدثت في حياة المجتمعات الإنسانية إنما تحققت عن طريق أفراد ولدوا بمواهب وقدرات لا تتكرر في أناس كثيرين على مر التاريخ.

و هذه النظرية- على الرغم من وجاهتها- إلا إنها تصطدم ببعض الحالات التي تقلل من صدقها، ففي بعض الحالات نجد أن أمثال هؤلاء الرجال الأفذاذ الـذين نجحوا في دفع جماعاتهم إلى الأمام، عجزوا في بعض الظروف عن تحقيق أي تقدم مع نفس الجماعـات. و في حالات أخرى عجز هؤلاء الرجال الأفذاذ عن قيادة جماعات أخرى غير جماعاتهم الأصلية.

من هذا نستطيع أن نلخص بأن القيـادة ليست صفـة مطلقـة يتمتـع بهـا أفـراد دون آخرين، و إنمـا هنـاك عوامل أخرى تتدخل في الأمـر، منهـا الظروف المحيطـة بالجماعـة، و كـذلك نوعية الجماعة ذاتها.

ثانياً: نظرية السمات

تقوم هذه النظرية على أن القادة يتصفون عادة بمجموعة من الصفات الشخصية التي تلازم النجاح، وقد أدت دراسة هذه الصفات إلى الخروج بنتائج طريفة، منها أنه وجد أن القادة و المشرفين الناجحين يكون طولهم أكثر من 180 سم. غير أن الباحثين الذين قاموا بهذه الدراسات التي تحدد الصفات الشخصية للقادة الناجحين خرجوا بنتائج متباينة من بحث لآخر، و أن هناك اتفاق بينهم من حيث صفات الذكاء و الشجاعة.

و مع ذلك فأن بعض الصفات التي توصل إليها البحث، لا يمكن أن تكسب صفة العمومية، فصفة الطول مثلاً تصلح لقائد فريق من فرق كرة السلة فأنها لا تلزم بنفس الدرجة رئيس منظمة هندسية، هذا فضلاً عن أن مثل هذه الصفات الذاتية لا تحتفظ بنفس أولوياتها و أهميتها من موقف لآخر، فإذا وجدنا قائداً حربياً على سبيل المثال تتوفر فيه غالبية الصفات المرغوبة في القادة و لكن تنقصه روح المبادأة و الإقدام. فهل يصلح مثل هذا الشخص لأن يكون قائداً في موقعه العسكري؟

إن هـذه الصفات لا تستطيع الإجابة عـن هـذا التساؤل و هـذا بالإضـافة إلى أن السمات القيادية نفسها تتوزع على مدى أوسع بين غير القادة.

واصطدام نظرية السمات بمثل هذه التساؤلات لم يمنع من الأخذ بها أساساً لاختيار القيادات في بعض المواقع حتى أصبحت الصفات الذاتية للقيادة من المقاييس المطبقة على نطاق واسع في بعض المنظمات في مجال اختيار أصلح المديرين.

ثالثاً: النظرية الموقفية

تقوم هذه النظرية على افتراض أساسي، مؤداه أن أي قائد لا يمكن أن يظهر كقائد إلا إذا تهيأت في البيئة المحيطة ظروف مؤاتية لاستخدام مهاراته وتحقيق تطلعاته، أو بمعنى أخر فأن ظهور القائد لا يتوقف على الصفات الذاتية التي يتمتع بها و إنما يعتمد في المقام الأول على قوى خارجية ، بالنسبة لذاته لا يملك سوى سيطرة قليلة عليها ، أو قد لا يملك سيطرة عليها بالمرة.

و يرد على أنصار هذه النظرية بأن القيادة يصعب أن تكون وقفاً تماماً على الموقف و الظروف، و أن الفروق الفردية تؤثر بوضوح في أدراك الأفراد اجتماعياً للآخرين، و من ثم تلعب دورها الهام في تحديد ما هو مناسب لظهورهم كقادة.

رابعاً النظرية الوظيفية

تربط هذه النظرية القيادة بالأعمال و الجهود التي تساعد الجماعة على تحقيق أهدافها، و هي تشمل ما يمكن أن يقوم به أعضاء الجماعة من أعمال تسهم في تحديد و تحريك الجماعة نحو هذه الأهداف، و تحسين نوعية التفاعل بين أعضاءها، و حفظ التماسك بينهم. ولما كانت هذه الأعمال و الأنشطة بطبيعتها يمكن أن يقوم بها غالبية أعضاء الجماعة.

فأن القيادة في مفهوم النظرية الوظيفية يمكن أن تقوم غالبية أعضاء الجماعة، و بذلك فأن القيادة في ضوء هذه النظرية تتحدد في إطار الوظائف. و نحـن نـرى أنها تصلح أساسـاً لاختيار القادة و المديرين في مجال إدارة المؤسسات نظراً للصعوبات التطبيقية التي تصاحبها.

خامساً: النظرية التفاعلية

و تعالج هذه النظرية الثغرات في النظريات السابقة. و ترتكز على التناسـق والتكامل بين جميع عناصـر موقف القيادة، مـن حيـث شخصـية القائـد و نـوع المقـودين، وأشـكال العلاقات القائمة، و هي نظرية تتفق مع النظرية المجالية القائلة بأن السـلوك نتيجة تفاعل عناصر المجال السلوكي جميعاً، بما في ذلك الفرد و بنفس القول تـؤثر جميع عناصـر و قوى المجال أو الموقف في عملية القيادة.

و الخلاصة أن هذه النظرية تقوم على أساس التكامل بين كل العوامل المؤثرة في القيادة، و هي شخصية القائد، و اتجاهات و حاجات و مشكلات الأتباع، وخصائص الجماعة، و العلاقات القائمة بين أفرادها، و المواقف التي تواجهها الجماعة.

فالقيادة إذاً في مفهوم هذه النظرية تتوقف على الشخصية، وعلى الوظائف، وعلى التفاعل بينهما جمعياً، فيما تقوم على فكرة الامتزاج و التفاعل بين المتغيرات التي نادت بها بعض النظريات التي سبقتها.

أنماط القيادة

تتباين أنماط القيادة باختلاف شخصيات القادة و تبعاً لاختلاف التي يعملون بينها و لكن هناك ثلاث أساليب و أنماط شائعة الاستعمال في أدبيات الإدارة هـي: الأسلوب الأوتوقراطي (الدكتاتوري) و الأسلوب الديمقراطي و الفوضوي:-

أولاً: النمط الدكتاتوري (التسلطي)

و فيه ينفرد القائد بالرأي و اتخاذ القرارات و العلاقة بينه وبين مرؤوسيه أساسها الخوف و الإرغام و لا يسمح بحرية المناقشة وإبداء الآراء وينعدم فيه التفاهم والتشاور، كما يقوم هذا الأسلوب على توجيه عمل الآخرين بإصدار القرارات والتعليمات الفردية و التدخل في تفاصيل عمل الآخرين. فالقائد التسلطي يعتقد بأن سلطة اتخاذ القرارات ينبغي أن يحتفظ بها شخصياً، تختلف الأسباب التي تجعل القائد يعتقد ذلك من قائد لآخر، فهناك بعض القادة من هذا النوع يعتقدون بأن أتباعهم غير قادرين أو غير مؤهلين لاتخاذ القرارات أو غير مهتمين أصلاً بهذه العملية أو أنهم كسالى بطبيعتهم.

إن القائد التسلطي عديم الثقة في قدرات و استعدادات العاملين على الإسهام في تدبير شؤون العمل و نظراً لسلبية أفراد الجماعة، فأن الأهداف غالباً ما تكون غير واضحة أو غير معروفة لديهم، ويسعى القائد التسلطي أن تبقى العلاقات بين أفراد الجماعات ضعيفة حتى لا يحدث أي تكتل ضده.

لقد أثبتت الدراسات التي أجريت في مجال الإدارة أن القائد الاستبدادي يشغل نفسه بكل كبيرة و صغيرة في المؤسسة، و إذا ما حدث و أضطر إلى التغيب عن العمل تدهور الإنتاج و تعطلت عجلة العمل، كما أنه يتسبب على مر الزمن على بلادة

المسؤولين و اتكالهم التام عليه في كل شيء. و عادة ما يلجأ إلى اتخاذ وسائل الردع، فيؤدي إلى تولد الكراهية و اللامبالاة بين العاملين.

إن هذا النمط من القيادة غير صالح و أن رد الفعل المتوقع هو عدم شعور المرؤوسين بالرضا و قله التجاوب بين فئات مجتمع المنظمة والسلبية، وانعدام روح التفكير و الابتكار، أو التعاون لحل المشكلات.

ثانياً: النمط الترسلي (الفوضوي)

يختار القائد الفوضوي عدم التدخل و تولي دور القائد،و حقيقة الأمر أنه تخلى عن المنصب القيادي و ذلك بتفويضه لفرد آخر في جماعة العمل، فهو هنا سلبي لا أثر لوجوده و للأفراد أن يفعلوا ما يريدون دون أي تدخل منه، أو قيامه بتوجيههم و ليست هناك سياسات محددة أو إجراءات، بل لا تكون هناك أهداف أمام الجماعة يعمل الأفراد للوصول إليها.

و من شأن جماعة تقاد بهذا الأسلوب ألا تحترم قائدها إيماناً منها بأن شخصية القائد من الضعف بحيث لا يمكن له ممارسة مهامه التخطيطية   والتنظيمية، و التوجيهية، و التقويمية.

يكون القائد في هذا النمط ميالاً إلى تفويض كامل سلطته في الغالب   إلى مرؤوسيه و لا يصدر قراراً مستقلاً إلا بناء على رأيهم و على هذا لا يتدخل بقرار من القرارات أو سياسة من السياسات كما أن هذه القرارات في العادة لا يكون لها أثر كبير في توجيه العمل في المؤسسة إذ أن كل فرد فيها له الحرية في إبداء عمله بالأسلوب الذي يميل إليه و يوافقه.

إن الجماعة في هذا تعتبر في فوضى لا يتحقق فيها مفهوم الضبط الاجتماعي لأنها تعمل دون هدف واضح، أو تنظيم محدد، كما أنه لا يتابع تنفيذ القرارات، و إذا رأى خطأً أو نقصاً في مجال العمل أو إذا كان هناك موقف يتطلب إنجازاً سريعاً فأنه يسنده إلى أي عضو يقابله، فأن اعتذر هذا العضو يكلف غيره، و أن اعتذر الآخر و ضاقت به السبل، قام بأدائه بنفسه.

إن منح الأفراد الحرية المطلقة يعني إطلاق الحبل على الغارب، و تحويل المؤسسة إلى مضيعة للجهد و الوقت و المال، و أن هذا النوع من القيادة أقل الأنواع من حيث إنتاج العمل، و لا يبعث على احترام أفراد المؤسسة لشخصية القائد وكثيراً ما يشعرون بالضياع و عدم القدرة على التصرف و الاعتماد على أنفسهم في مواقف تتطلب المعونة أو النصح أو التوجيه مما تكون له أثار سلبية كثيرة على شخصية الأفراد و على علاقاتهم بالإدارة و بالتالي على العمل نفسه الذي بدوره يعيق تحقيق الأهداف المرسومة.

و قد يكون هذا الأسلوب القيادي أكثر فعالية في مؤسسات توظف عمالاً لديهم مستويات عالية من الدوافع للعمل و خبرات طويلة في الوظيفة، فضلاً عن أخلاقيات عمل عالية جداً.

ثالثاً: النمط الديمقراطي

كلمة ديمقراطية في أصلها اليوناني مركبة من جزأين، أولهما (ديموس Demus) أي: الشعب، و ثانيهما (كراتوس Kratos) أي: السلطة أو الحكومة، و أن الديمقراطية على هذا هي سلطة الشعب أو حكومة الشعب، غير أن فكرة الديمقراطية لم تقف عند هذا الحد بل نمت و تطورت و أخذت تنفذ إلى نواحي المجتمع المختلفة ،

وفي ظل الإدارة الديمقراطية تقوم الجماعة باختيار القائد و يشارك الأفراد في وضع الأهداف والتخطيط و تنفيذ الأنشطة و تقويمها.

و المسؤوليات في ظل القيادة الديمقراطية موزعة على الأفراد، و يفوض القائد جزءاً من سلطاته إلى مرؤوسيه.

فالإدارة الديمقراطية تقوم على المشاركة الجماعية في رسم السياسات ودراسة المشكلات و أتخاذ القرارات و على هذا فأن القائد الديمقراطي يلجأ بصفة دائمة إلى مشاورة مرؤوسيه و إشراكهم معه في تحمل مسؤولية الجهاز الذي يديره ويهدم جدران المركزية المطلقة، و بذلك يعين على حسن التصرف و سرعته و على حل المشكلات اليومية و يأخذ بيدهم في طريق النمو المهني و الإداري مما يسهل تحقيق العملية التعليمية و بلوغ أهدافها.

و القائد في هذا النمط يتأصل لديه الاتجاه الديمقراطي و الاستعداد النفسي لممارسة الديمقراطية في كل أعماله و يؤمن في أعماقه بالمبادئ التي تقوم عليه الديمقراطية.

إن ما يتصف به القائد الديمقراطي يميزه عن غيره. فهو يحترم زملاءه و يثق في ذكائهم و قدراتهم و لديه الرغبة بالتعامل معهم على قدر المساواة و على أساس الأخذ و العطاء مع مراعاة الفروق الفردية و قدرات كل منهم.

و تكون العلاقات بين أفراد الجماعة ودية طيبة فهناك قنوات اتصال بينهم والقائد في هذا النمط يشجع الأفراد و هم يعذرونه لذلك يقل كثيراً العدوان بين أفراد الجماعة.

إن هذا النمط يتصف بالتجديد و الإبداع و الابتكار إذ أنه لا يكتفي بمجرد الحصول على مستوى مهني مرضي للعاملين بل يتجاوز ذلك إلى تحرير طاقاتهم وإطلاق العنان لأمكاناتهم في النمو والابتكار و التجدد. فلا يكتفي القائد الديمقراطي بتوجيه العاملين إلى أفضل الطرق، و الوسائل للعمل و أنما يتجاوز ذلك إلى تشجيعهم على ابتكار طرق و وسائل يطمئنون إليها، و لا يقف عند حد تلقي ما ينقل أليه من أنباء عن تحسين أساليب العمل و تطويرها، بل يتجاوز ذلك إلى إيجاد البيئة الملائمة لاستمالة العاملين إلى الابتكار في صيغ العمل فرادى أو جماعات. أنه يغرس في نفوسهم الروح الديمقراطية و الاتزان و رجاحة العقل و الرغبة في التجريب، وقبول النقد بروح عالية.

إن الجو الديمقراطي تسوده المحبة و المودة و الثقة المتبادلة و تحقيق هذا النمط للجماعة مبدأ تكافؤ الفرص دون مساواة مطلقة في الحقوق و الواجبات إذ أن تقدير كل فرد مرهون بقدرته على العمل و الإنتاج، أن هذه الجماعة حينما تعمل يكون نشاطها ايجابياً و اشتراكها في العمل فعالاً نتيجة الإدارة الذاتية و حسن تقدير الأمور و تحقيق كفاية العاملين.

إن القيادة الديمقراطية هي أفضل أنماط القيادة حيث تسود العلاقات الإنسانية بين أفرادها حيث يقدر القائد أفراد لجماعة الذين يشاركونه في تخطيط العمل وتنظيمه، بل في تقويمه أيضاً إيماناً منهم بضرورة الوصول إلى الأهداف المنشودة.

وفي الشكل التالي يوضح اتجاه التأثير في الأساليب القيادية الثلاثة.

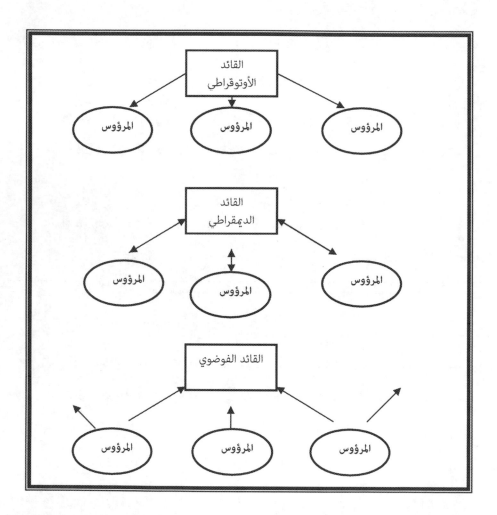

اتجاه التأثير في الأساليب القيادية الثلاثة

(Koontz and Weinrich, 1989, pp.441)

الخصائص العامة للقيادة الناجحة

يتميز القائد بخبراته العملية و العلمية، و قدرته على قيادة مؤسسته انطلاقاً من الإطار العلمي للمعرفة الإدارية، و القدرة على التخطيط و التنظيم و القيادة و الرقابة، وهو في مركزه يجمع جهود الأفراد و ينسقها بشكل فعال لإيصال مؤسسته إلى أهدافه المرسومة.

هذا هو القائد الإداري الذي يمكن إعداده عن طريق التعليم والتدريب و تطوير مهاراته و إكسابه خصائص ضرورية لوظيفته، ليتمكن من القيام بوظائفه خير قيام تتمثل في:-

1. القدرة على استثمار الوقت بأقصى درجة ممكنة، لأن الوقت من أثمن مدخلات نظام المؤسسة و يؤثر على قدرة النظام على تحقيق أهدافه، الأمر الذي يتطلب منه التخطيط الفعال في المستويات المختلفة و تقدير الزمن اللازم لتنفيذ الأنشطة التي تحقق الأهداف بحد أدنى من الهدر.

2. القدرة على صياغة الأهداف المحددة ليضعها نصب عينه و لا يغرق نفسه في الإجراءات و الروتين، و إلا دخل في أعمال جانبية لا تتصل بالأهداف إلا بقدر يسير، و لذلك لا بد من التعاون مع المرؤوسين في صياغة هذه الأهداف و وضع الجدول الزمني المناسب لتحقيقها.

3. القدرة على اكتشاف نقاط القوة و الضعف في نظام مؤسسة خلال عمليات التقويم و المراجعة المستمرة في أثناء تنفيذ الأعمال والأنشطة، و لا بد هنا من استخدام أدوات دقيقة و موضوعية للحصول على البيانات التقويمية التي ترشده إلى الخلل في التنفيذ. فهو يسعى دائماً إلى دراسة الواقع من أجل تطوير المستقبل.

4. القدرة على وضع الأولويات في سياسته بادئاً بالأهم ثم المهم، و لا يتعرض إلى جميع المشكلات و الحاجات دفعة واحدة، لأن الفعالية في الإنجاز تحتاج إلى موضوعات بعينها، إلى أن ينتهي منها، فينتقل إلى الموضوعات التي تأتي في المرتبة التالية من الأهمية.

5. القدرة على اتخاذ القرارات الرشيدة في ضوء معطيات واضحة له وللآخرين، و يحتاج ذلك إلى توافر المعلومات الدقيقة الوافية عن المشكلة مثار البحث، بالقدر الذي تتوفر فيه مثل هذه المعلومات تكون القراءات رشيدة و ملائمة للموقف.

6. القدرة على التفاعل الايجابي البناء مع الآخرين من رؤساء ومرؤوسين بما يخدم أهداف المؤسسة فهو يختار طرائق واضحة للاتصال مع الآخرين تتفق و خصائصهم و إمكانياتهم، و يستخدم الألفاظ الدقيقة ذات المدلول الواضح في أذهانهم، و بالمستوى الملائم، طبقاً لهذه الخصائص و الإمكانات.

7. التعرف على سلوك الأفراد المرؤوسين و القدرة على التأثير فيهم لمعاونتهم على تطوير معارفهم و زيادة كفايتهم الفكرية والعملية و تحفيزهم على زيادة الإنتاج.

السلوك القيادي

أدى عدم الاقتناع بمدخل سمات القائد إلى تحول الاهتمام بسلوك القائد بدلاً من سماته، و يعقد بسلوك القائد قيامه بأداء معين يستطيع من خلاله تحقيق نواتج معينة بواسطة جماعة العمل التي يشرف عليها، و تمثل نواتج عمل الجماعة في الإنتاجية و التماسك الجماعي و العلاقات الإنسانية الرضا عن العمل و الدافعية فقد جرت الكثير من الدراسات الرائدة في القيادة و التي ركزت على سلوك القادة أو النمط

القيادي Leader ship style و قد ظهـرت العديـد مـن النظريـات و الـنماذج التـي وضعها العلماء و الباحثون في مجال القيادة الإدارية، بهدف تفسير ظاهرة الإدارة و عملياتها المعقدة، و تكوين صورة واضحة لهذه الظاهرة التي شغلت بال المهتمين منذ سنين عديـدة. و نعرض فيما يأتي نموذج الشبكة الإدارية لبليك - مورتون.

لقد أعطت هذه النظرية اهتماماً كبيراً للبعـد الإنسـاني، و أطلـق عـلى هـذا المفهـوم النماذج الثنائيـة للقيـادة، لأنهـا تبـين أهميـة البعـد التنظيمـي الـذي يهـتم بإنجـاز أهـداف المنظمة، و البعد الإنساني الذي يهتم بالأفراد.

وقد أظهرت هذه الدراسات، أن القائد الـذي يسـتطيع أن يحـافظ عـلى التـوازن بـين البعدين يكون أكثر فاعلية من القائد الذي يرجح أحد البعدين على الأخر.

ويصنف نمط القيادة طبقاً لهذا النموذج على أساس المفهوم الحسابي و ذلك عن طريق حساب العلاقات التي ينالها القائد على كل بعد من هذين البعدين.

و لقد اتضحت أهمية التوازن بين هذين البعدين في مخطط يوضح سـلوك القائـد مـن حيث اهتمامه بالإنتاج، أو اهتمامه بالأفراد أو كليهما معاً.

و من الطبيعي أنه ليس من المتوقع أن يكون هذان الاهتمامـان دائمـاً متكـافئين، فقـد يبري بعض القادة اهتمامات أقل من غيرهم بالإنجاز بينما يبدي آخـرون اهتمامـاً أقـل مـن غيرهم بالأفراد.

و على هذا فقد يصح اهتمام الإداري بالإنجاز في مكان ما على ما يميز من (1) إلى (9) حيث تتمثل الدرجة1 أقل درجة اهتمام، و الدرجة 9 أعلى درجـة اهـتمام و يتكـون نمـوذج الشبكة الإدارية الذي وضعه كل من بليك- مورتون من خمسة أنماط هي ما يأتي:-

1. 1-9 القيادة المراعية لاهتمام عالٍ بالأفراد و واطئ الإنتاجية.
2. 9-1 القيادة التسلطية، اهتمام عالٍ بالإنتاجية و واطئ بالأفراد.
3. 1-1 اهتمام متدني بالأفراد و الإنتاج.
4. 9-9 اهتمام عالٍ بالأفراد و الإنتاج.
5. 5-5 اهتمام معتدل بالأفراد و الإنتاج و يسمى بالقيادة المتوازنة.

الفصل الرابع

العلاقات الإنسانية في العمل الإداري

الفصل الرابع

العلاقات الإنسانية في العمل الإداري

كان (تايلور) مؤسس حركة الإدارة العلمية و زملائه في المدرسة الكلاسيكية يعدون القضايا و المشكلات الإنسانية عائقاً أمام الإنتاج، و لذلك يجب تقليصها إلى أقل حد ممكن، غير أن (التون مايو) و زملائه رأو أن المشكلات الإنسانية أصبحت تمثل مجالاً واسعاً للدراسة و فرصة للتقدم، و يعد (التون مايو) الأب الروحي لما عرف فيما بعد بـ (العلاقات الإنسانية) و بـ (السلوك التنظيمي) لاحقاً، لقد سعى تايلور و زملائه إلى زيادة الإنتاجية بجعلها عقلانية، في حين حرص مايو و زملائه على زيادة الإنتاجية بجعلها إنسانية.

لقد أدت ردود الفعل لتجاهل الإدارة العلمية لأهداف العمال و رغباتهم الشخصية و العاطفية إلى ظهور مدرسة جديدة في الإدارة بعد سنة 1920 و هي مدرسة العلاقات الإنسانية.

إن التقدم العلمي و التكنولوجي أدى إلى تغيير دور الإنسان في العملية التكنولوجية و أظهر الحاجة الموضوعية للإنسان للإلمام بعمليات الإنتاج لهذا نجد أن الاتجاه الجديد ينادي بمبادئ إنسانية كثيرة لم يأخذها (تايلور) في حسبانه عند وضع نظريته التقليدية في الإدارة.

و من هنا فأن الاتجاه الحديث يعارض أو يتقاطع تماماً مع الاتجاهات التقليدية، فالاتجاه الهندسي لدراسة وحل مشكلات الإدارة و الذي كان على يد (تايلور) أدى إلى نظرية في الإدارة و لكنها غير شاملة، لعدم إلمامها بجميع الأطراف

المعنية في العملية الإدارية و بالتالي فأن المبادئ التي قدمتها غير كافية و غير شاملة سواء من الجانبين النظري أو التطبيقي، لهذا يطالب أصحاب هذا الاتجاه بدراسة الإنسان دراسة عميقة بحيث يمكنه تحضيره على العمل بأعلى كفاءة و يتم هذا عن طريق إشباع بعض حاجاته في مجال العمل الذي يقضي فيه أغلب فترات يقظته.

و إن مصطلح العلاقات الإنسانية يرتبط باسم عالم الاجتماع الأمريكي (التون مايو) و المعروف بأبحاثه في مجال العلاقات الصناعية و كذلك بتجاربه المشهورة بتجارب (هور ثورن).

فخلال مدة الثلاثينيات و الأربعينيات من القرن العشرين و بتأثير دراسات (هوثورن) التي قادها (التون مايو) و زملائه في جامعة هارفارد في الولايات المتحدة الأمريكية حيث قام بأجراء تجارب منذ العام 1926 على عمال شركة وسترن اليكتريك لصناعة الهواتف، و كان هدفها زيادة الإنتاجية بالتغلب على العوامل المادية المعيقة مثل (سوء الإضاءة و سوء التهوية، مدة الراحة، نظام الأجور ، وغيرها) فقد غدت هذه العوامل ذات التأثير الأول على زيادة الإنتاج.

لقد تمثل الفرض الأساسي لهذه الدراسات الميدانية في التنظيم الاجتماعي داخل جماعات العمل و قد توصل (مايو) في أبحاثه إلى أن زيادة الإنتاجية تعتمد أساساً على العوامل الاجتماعية و النفسية أكثر من اعتمادها على العوامل المادية كما أن مشاعر و عواطف العاملين تتأثر بفعل ظروف معينة مثل علاقات المجموعات، ونماذج القيادة، و مساندة الإدارة و غبرها من الظروف، و أن مشاعر و عواطف العاملين تؤثر بدورها على إنتاجيتهم.

و لهذا فقد أبرزت هـذه الدراسـات أهميـة الاهـتمام بمعاملـة العـاملين كبشر- لزيـادة رضاهم و المعاونة في تحقيق أهداف المنظمة بتحقيقها لأعلى إنتاجية في الوقت نفسـه و لـذا فقد تحول اهتمام الإدارة مـن الهندسـة الإنسـانية (Human Engineering) إلى العلاقات الإنسانية (Human Relations) .

إن أهميـة العلاقات الإنسانية لم تكـن محـط اهـتمام أصحاب العمـل الـذين كـانوا باستمرار يتخوفون من تمرد العمال و انطلاقهم، والذين لم يكونوا مدركين بعد لأهميـة منـح العامل مثل هذه المزايا و دورها في زيادة معدلات الإنتاج بالـذات لكونها هـدفهم الأسـاسي، كما أن ظهور أهمية الإنسان أو الأفكار التي نادت بضرورة الاعتراف للإنسان بأهميته، لم تكن وليدة تجارب (هوثورن) بقدر ما كانت هـذه التجـارب وليدة لهـا، فالفكرة أساساً كانت موجودة و كادت تعطي ثمارها للعاملين، و هـذا مـا دعـا أصحاب العمـل و إرغـامهم عـلى الاعتراف بأهمية العامل الإنساني لمنع حوادث العمل العنيفـة، و لكنهم في الوقت نفسـه حاولوا أن يربطوا بين اعترافهم هذا طالما أنه حتمية لا مفر منهـا، و بـين ضرورات العمـل و الإنتاجية، و بهذا بـرزت تجارب(هوثورن) لتبحـث في ظروف العمل الأفضل التي تضـمن إنتاجية أفضل و ضمان أفضل اعتراف في الوقت ذاته فهذه التجارب لم تكن هي البداية.

إن نظرية العلاقات الإنسانية مبنية على افتراض و هـو أن الإنتاج والفعاليـة والرضا الوظيفي و التطوير لا يتم إلا من خلال التنظيمات غير الرسمية، والواقع أن هذه الطروحـات هي عكس ما جاءت به النظريـات الكلاسـيكية التي كانـت تـؤمن بـأن الإنتاج و النشـاط و الفعالية تتم من خلال التنظيمات الرسمية.

لقد استهدفت حركة العلاقات الإنسانية رضا العاملين و سعادتهم فضلاً عـن تحديد و تعريف قيم الجماعة و اتجاهاتها و الاعتراف بها كجزء لا يتجزأ مـن التنظيم نفسه و هذا يؤدي بالنتيجة إلى زيادة الإنتاجية، فهناك علاقة بين القيادة و الإنتاجية،

فالمعنويات العالية للعاملين ورضاهم الوظيفي يؤدي إلى ارتفاع معدلات الإنتاج بمعنى أن الناتج من العمل يعتمد على نوعية العلاقات بين العاملين و القادة، و أن عقد القيادة و نطاق الإشراف و السيطرة، قد حل محله في ظل حركة العلاقات الإنسانية (الاتصالات الفعالة، و الاهتمام بالمرؤوسين، الدوافع و الحوافز، المعنويات، المشاورات بين القادة الرسميين و أعضاء التنظيم)، كذلك مشاركة العاملين في تعريف ظروف العمل مثل: (قيم الإنتاج، مدة الراحة، نظلم الأجازات، الترفيع و الانتقال إلى الموقع الأفضل).

لقد قدمت حركة العلاقات الإنسانية مقترحات حول إعادة تصميم المنظمات بطرائق يمكن أن تجعل العمل أكثر تحضيراً و أقل ضجراً و من المفاهيم التي طبقت في ضوء هذه التأكيدات (أغناء العمل، و الإدارة الديمقراطية في العمل التنظيمي) كما ركزت على ضرورة إشباع الرغبات الإنسانية للعاملين بهدف تحسين إنتاجيتهم، وعدت التنظيم الذي يوفر أكبر قدر من الإشباع للرغبات الإنسانية أعلى التنظيمات كفاءة فاستقطبت كثيراً من الأنصار و المتحمسين و تعالت أصوات الأكاديميين و الباحثين و الممارسين على السواء إلى التشديد على الدور و التأثير الكبير الذي تلعبه حاجات الفرد و الأشراف المؤازر للفرد، و دينامية الجماعة على أداء العمل.

كما أنه تأثرت بنمو و زيادة قوة النقابات العامية خلال الثلاثينيات والأربعينيات من القرن العشرين و ما رافقها من أنشطة المساواة الجماعية فيما يتعلق بالأجور و الامتيازات الإضافية و الخدمات و ظروف العمل وغيرها.

إن هناك حقيقة هامة أثبتت الواقعية صحتها إلى حد كبير، و هي أن الأوامر والتعليمات لا تنفذ بالضغط و القسر و الإكراه و حتى لو نفذت فلن تنفذ بنفس الطريقة و الفعالية التي تنفذ بها فيما لو توافر للعاملين الحماس و الرغبة والتعاون

الاختياري لتنفيذها، و هذا لا يتحقق إلا أن أخذنا بالحسبان العاملين كبشر و نتعرف على وجهلت نظرهم وملاحظتهم و أرائهم في الموضوعات و المشكلات القائمة والتي تخصهم قبل اتخاذ قرارات و تعليمات نهائية بشأنها، أي أنه لا بد من إشراكهم في القرارات التي لها علاقة بأعمالهم و نشاطهم أو تمس ظروف و أحوال العمل لأن هذه المشاركة و بلا شك سوف تضمن ارتباطهم بتنفيذ القرارات بفعالية و حماس لأنهم سيشعرون بأنهم اشتركوا في إصدارها و في ذلك أرضاء لنزعتهم السايكلوجية وتأكيد لذاتهم.

إن إشباع حاجة الأفراد لا يقتصر على الحاجات الاقتصادية فحسب، و أنما هناك حاجات غير اقتصادية يسعى الفرد لإشباعها و على التنظيم أن يوفر للفرد الفرص من أجل الإشباع لهذه الحاجات و ذلك من خلال بعض الوسائل المؤدية لذلك و منها:-

1. تشجيع تكوين الجماعات الاجتماعية في العمل.
2. توفير القيادة الديمقراطية.
3. تنمية الاتصالات بين الإدارة و الجماعات المختلفة في التنظيم فضلاً عن الاتصالات بين الجماعات.

وذلك وصولاً لجو سليم من العلاقات الإنسانية مبني على التقدير والاحترام و الاعتراف بأهمية الفرد و إشاعة روح التعاون و المشاركة بين العاملين و هذا ما استند إلى نتائج البحث و الدراسة في علوم الإدارة و العلوم السلوكية إضافة إلى ظروف العمل و طبائع العاملين من رؤساء و مرؤوسين من أجل العناية بالناحية الإنسانية للإنتاج والالتفات لدور العامل الايجابي في الإنتاج و ضرورة البحث عن مسالك جديدة لتفسير مكانته في الإنتاج تفسيراً إنسانياً.

الفصل الخامس

التنشئة الاجتماعية
والتكيف التنظيمي

الفصل الخامس

التنشئة الاجتماعية و التكيف التنظيمي

إن الإنسان لا يقوى على العيش بعد مولده أكثر من ساعات قليلة دون مساعدة غير، خلافاً لأغلب الفقاريات التي تولد و هي شبه مستعدة للحياة بصورة أفضل بكثير من الإنسان و بذلك تطول الفترة التي يتحول فيها الكائن البيولوجي إلى كائن اجتماعي، وذلك من خلال تنمية القدرات الأساسية التي تبدأ قاصرة عند الولادة.

و تكوين آليات الحياة الأساسية التي تتعاون من ثقافة إلى أخرى ومن مجتمع لآخر و هذه الآليات هي التي تحول الكائن البيولوجي إلى كائن له ذاتية و ثقافية محددة و هو ما يسمى بـ (التنشئة الاجتماعية).

تعريف التنشئة الاجتماعية

يعرف تشيلد التنشئة الاجتماعية بأنها: (العملية الكلية التي يوجه بواسطتها الفرد إلى تنمية سلوكه الفعلي في مدى أكثر تحديداً).

و بتعريف أخر: (هي عملية اكتساب الفرد لثقافة مجتمعه و لغته والمعاني والرموز والقيم التي تحكم سلوكه و توقعات و سلوك الغير والتنبؤ باستجابات الآخرين و ايجابية التفاعل معهم).

لقد عرف سعد جلال التنشئة الاجتماعية بأنها: (تشكيل الفرد عن طريق ثقافته حتى يتمكن من الحياة في هذه الثقافة).

كما عرف التنشئة الاجتماعية المرسي محمد بأنها: (عملية التفاعل الاجتماعي التي يكتسب فيها الفرد شخصيته الاجتماعية التي تعكس ثقافته مجتمعه).

و يعرف بارسونز التنشئة الاجتماعية بأنها: (عملية تعليم تعتمد على التلقين والمحاكاة و التوحد مع الأنماط العقلية و الأخلاقية عند الطفل و الراشد، وهي عملية دمج عناصر الثقافة في نسق الشخصية و هي عملية مستمرة).

و هي عمليات التشكيل و التغيير و الاكتساب التي يتعرض لها الطفل خلال تفاعله مع الأفراد و الجماعات و المؤسسات التي في المجتمع الذي ينتمي إليه فيتحول من كائن بيولوجي إلى كائن اجتماعي قادر على التكيف و الإنتاج و هي (عملية تربوية) يقوم بها المجتمع من أجل تكوين شخصية قادرة على التفاعل الاجتماعي ضمن الإطار الثقافي و قادرة على تحقيق الاستقلال الفكري في إطار العلاقات الاجتماعية و هي (عملية بطيئة) يكتسب من خلالها الفرد شخصيته الاجتماعية نتيجة ضغوط المجتمع عليه وقيوده، و ما بفرضه عليه من مكافأة أو عقاب.

و من الأمور التي يمكن ملاحظتها في عملية التنشئة الاجتماعية، أنه مع نمو الأفراد يزدادون اختلافاً و تبايناً في سلوكهم.

و إن أطفال الثقافة الواحدة يتشابهون فيما بينهم في بعض الأنماط السلوكية ويختلفون عن أبناء الثقافات الأخرى و يرجع ذلك إلى عملية التنشئة الاجتماعية التي يمرون و يتعرضون لها.

أهداف التنشئة الاجتماعية

من أبرز الوظائف و الأهداف التي تسعى التنشئة الاجتماعية في الوصول إليها ما يأتي:-

1. اكتساب المعايير و القيم و المثل السائدة في مجتمعه و التي تنبثق في أهداف مجتمعه و نظامه الثقافي.

2. ضبط السلوك و أساليب إشباع الحاجات وفقاً لما يفرضه و يحدده المجتمع مثل اكتساب اللغة من الأسرة و العادات و التقاليد و إشباع رغباته و حاجاته الفطرية والاجتماعية و النفسية.

3. يتعلم أيضاً الأدوار الاجتماعية المتوقعة منه بحسب جنسه و مهنته ومركزه الاجتماعي وطبقيته الاجتماعية التي ينتمي إليها.

4. اكتساب المعرفة و القيم و الاتجاهات و كافة أنماط السلوك أي أنها تمثل أساليب التعامل و التفكير الخاصة بجماعة معينة، أو مجتمع معين سوف يعيش فيه الإنسان.

5. اكتساب العناصر الثقافية للجماعة التي تصبح جزءاً من تكوينه الشخصي- و هنا يظهر التباين في أنماط الشخصية و الفروق الفردية و الاجتماعية.

6. تحويل الطفل من كائن بيولوجي إلى كائن اجتماعي بمعنى تحول الفرد من طفل يعتمد على غيره إلى طفل يعتمد على نفسه ناضج يدرك معنى المسؤولية.

و يتضح من ذلك أن التنشئة الاجتماعية تعمل على بناء شخصية الفرد المتماثلة مع قيم و اتجاهات و عادات مجتمعه بمعنى أن الفرد يتشرب ثقافة مجتمعه بواسطة عملية التنشئة الاجتماعية.

إن ثقافة المجتمع تعد مفهوماً مركزياً في عملية التنشئة الاجتماعية. وإن الإنسان إذ يمارس عملاً معيناً لا بد له من أن يتعلم المهارات المطلوبة للأداء و القيم و المعايير والقواعد التي تجعله قادراً على أن ينجز المهام المطلوبة منه، آخذاً بنظر الاعتبار تفاعله مع الآخرين ونظام العمل. و هذا يعني أن يمر الإنسان بنوع من التكيف التنظيمي. وهو الذي يوجد بين العاملين حداً ملائماً من التماثل في التعبير عن المعايير و القواعد في سلوكهم، ويجعلهم يتقبلون الضوابط التنظيمية.

و يشير الباحثون إلى أن أهمية هذه العملية سواء من زاوية الفرد أو من زاوية المنظمة،إن هذه العملية يمكن أن تصنع المهنة أو تدمرها. إذ أن سرعة ومدى تأثر التكيف يحددان ولاء العامل و إنتاجيته.

إن عملية التكيف تتضمن ثلاثة وجوه:

1. ما قبل الدخول: فالفرد يدخل تنظيماً جديداً أو يشغل مكانة جديدة في التنظيم، وهو يحمل مجموعة من القيم و الاتجاهات و التوقعات. وبالتالي ستكون المواقف الجديدة غامضة بالنسبة له.

2. مع دخول الفرد في التنظيم الجديد، فإن اتجاهاته و توجهاته السلوكية تتصادم مع تلك التي تعد مرغوبة أو ذات قيمة في التنظيم.

3. التغير والاكتساب: وبناء على ما سبق سيتغير الفرد بدرجة ما طبقاً للاتجاهات المرغوبة في المنظمة.

الفصل السادس

الدافعية في العمل

الفصل السادس : الدافعية في العمل

الفصل السادس

الدافعيـة في العمـل

تمهيد

يمكن القول أن الدوافع تشكل العامل الأساسي المسيطر على السلوك، بمعنى الحاجة الأولية الناشئة من داخل الكائن الحي التي تدفعه إلى النشاط، و إذا وجدت هذه الحاجة فإنها تسبب حالة توتر نفسي في الكائن الحي فيظل الكائن الحي في حالة نشاط حتى تشبع هذه الحاجة و تزول حالة التوتر النفسي التي سببتها.

أما درجات الإشباع و طرقه المختلفة فتختلف من جماعة لأخرى ومن فرد لآخر حسب العوامل المختلفة مثل التركيب العضوي للكائن الحي و العامل الاجتماعي والثقافي.

و يكتسب موضوع الدوافع اهتماماً متميزاً من قبل المعنيين بدراسة الإنسان والمتعاملين معه و ذلك لارتباط سلوك الفرد بدوافع متعددة تثيره و تحركه و توجهه في آن واحد نحو اتجاه محدد لذلك استخدم موضوع الدافعية لتفسير السلوك الإنساني في محاولة للتنبؤ بذلك السلوك والتحكم فيه.

إن الإنسان كغيره من الكائنات الحية يرث بعض الدوافع الفطرية بغض النظر عن مسمياتها غرائز، ميول فطرية، حاجات، حوافز، رغبات، وحدات عمل نفسي.

71

إن هذه الدوافع الفطرية تتصاحب بنشاط انفعالي معين يحرر السلوك ويوجهه وجهة معينة و يظل هذا السلوك موجهاً نحو هذا الغرض حتى يتغلب على هذا الموقف الخارجي الذي يسبب حالة التوتر الداخلي عند الكائن الحي كي يتحقق التوازن بين الكائن الحي و البيئة الخارجية أو مجاله السلوكي و بهذا فأن الدوافع ليست شيئاً مادياً يمكن رؤيته مباشرة، إنما هم حالة في الكائن الحي – دافعة - يستدل على وجودها من أنماط السلوك الذي نلاحظه أي إنها الحالة التي توجه السلوك و ليست السلوك نفسه و يمكن بعد هذا أن نصنف الدافع إلى صنفين:-

أ-الدوافع الفطرية الأولية: و هي في جوهرها جسمية أو فسيولوجية تسعى إلى تحقيق التوازن الحيوي عند الإنسان، كالحاجة إلى الهواء و الماء والطعام والكساء الكافي لحفظ حرارة الجسم و الحاجة إلى الراحة و النوم و الأمومة وغيرها.

ب-الدوافع الاجتماعية المكتسبة (الثانوية): إن تميز الإنسان عن بقية المخلوقات لأخرى بأن له حياة اجتماعية تعدل من دوافعه الأولية تهيأه لاكتساب دوافع أخرى وهذه الدوافع لا تتصل اتصالاً مباشرة بالدوافع الأولية و قد اختلف الباحثون في تحديد عددها فبينما حددها توماس Thomas بأربع رغبات هي:-

1. الحاجة إلى الأمن security.
2. الحاجة إلى التقليد Recognition.
3. الحاجة إلى الاستجابة Response.
4. الحاجة إلى خبرات جديدة New Experiences.

نجد أن البعض الآخر أمثال موري (Murry) يفصلها إلى ثماني و عشرون حاجة، أما

هلجارد (Hilgarat) فيفضل تقسيمها إلى حاجات:

أ- انتمائية: كالحاجة إلى الحب و العطف و الحاجة إلى الانتماء.

ب- تتعلق بالمركز: كالحاجة إلى السيطرة و الخضوع ، والحاجة إلى المكانة والحاجة

إلى القوة و الحاجة إلى الأمن. و قد ترى في بعض المؤلفات بوجود حاجات أخرى

مثل:

الحاجة إلى الإنجاز (Achievment) والتبعية (Belongingness) إن هذه الصنوف

من الحاجات السيكولوجية مقتصرة على الإنسان فقط، و أغلبها لا يمكن ملاحظتها على الفور،

و هي على درجة كبيرة عند بعض الناس بينما لا تكاد توجد عند البعض الآخر.

و في مجال الاستخدام المهني فقلما تتضمن طلبات الاستخدام أسئلة عن مقدار الماء

الذي يشربه الشخص المتقدم للعمل أو عدد الشطائر التي يتناولها في غذائه مثلاً.

و لكن تتضمن بالفعل أسئلة عن أمال الشخص و طموحاته وميوله الاجتماعية و

دوافعه و اتجاهاته و في هذه الحاجات تكمن جملة الفروق الشخصية التي لها دلالتها في

العمل.

إن العديد من الأفراد ينظرون إلى الدوافع على إنها سمة شخصية، أي أن البعض

يمتلكها بينما البعض الآخر لا يمتلكها، فمن الناحية التطبيقية، نجد إن بعض المديرين

يصنفون بعض العمال على إنهم كسالى دائماً أو تنقصهم الدافعية، غير أن حقيقة الدوافع

تخالف هذه النظرة كلية.

إن من يريد تحليل مفهوم الدافعية ينبغي أن يتذكر بأن مستوى الدافعية يتغير عند الفرد الواحد و بين الأفراد في أوقات مختلفة و من موقف إلى آخر، فقد يقرأ الفرد قصة كاملة في كتاب في جلسة واحدة، و في الوقت نفسه، قد نجد من الصعب عليه البقاء مع كتاب أكاديمي لأكثر من ربع ساعة.

إن الإنسان كائن حي له حاجات متعددة يجتهد و يعمل في سبيل إشباعها فهو يختار في العادة عمله بناء على ما لديه من قدرات و ميول و خبرات و مؤهلات علمية و بمرور الزمن يتدرج في هذا العمل من خلال ما يكتسبه من خبرات جديدة فيه أو من خلال البرامج التدريبية و التعليمية التي يزود بها في المؤسسة أو خارجها و يحتاج الإنسان في عمله و مراحل نجاحه فيه و زيادة مستواه و كمية إنتاجه لما يدفعه إلى هذا التقدم و النجاح و زيادة الإنتاج بصفة عامة، فالدوافع هي عبارة عن قوى داخلية تنطلق من ذاتية الفرد و تثير فيه الرغبة في الحصول على شيء أو تحقيق هدف معين و سلوكيات في سبيل تحقيق هذا الشيء أو الهدف، أو الحوافز فهي تعني تلك الإجراءات التي تتخذها الإدارة بشكل مادي أو معنوي بهدف دفع العامل و تحفيزه على زيادة إنتاجه كماً و كيفاً و إشباع حاجاته المتعددة.

و قد اهتم علماء النفس التنظيمي اهتماماً بالغاً بالدوافع في العمل، على اعتبار أنها الطريق الذي يمكن به حمل الموظف أو العامل على المساهمة والتعاون في العمل بغية رفع المستوى الإنتاجي للمؤسسة التي يعمل فيها.

و للتعرف بشكل أوضح بدوافع العمل بدلاً من الإجابة عن التساؤل الآتي :

لماذا يعمل الإنسان؟

لماذا يتعين على الإنسان أن يضحي بالكثير من راحة الحياة وهو يسعى يومياً نحو العمل؟

إن مجرد التفكير في عدد الساعات التي يقضيها الإنسان في عمله بشتى أصنافه و مستوياته ستعطينا إجابات مختلفة، و لا شك أن كل إجابة قد تكون صحيحة تماماً بالنسبة لقائلها، و قد يتقدم الشخص بعدد متنوع من الدوافع التي تدفعه نحو العمل بما يتلاءم و حالته هو.

و بالنسبة لعلماء النفس فقد كان الاتجاه في ما مضى يحدد الدافع الطبيعي للعمل بأحد أمرين، أما الحصول على المال أو الخوف من البطالة أو كليهما، و قد تعدل هذا الاتجاه في السنوات الأخيرة، بعد أن وجد أن هناك الكثير من الأفراد يعملون رغم عدم حاجتهم للمال، و قد توصل الاختصاصيون النفسيون في الميادين المهنية إلى تحديد أهم دوافع العمل في:-

- إن العمل جزء ضروري و أساسي في حياة الفرد، و هو نشاط مفروض و ليس مجرد استجابة لمنبهات مؤقتة.

- إنه يحقق صلة قوية تربط الفرد بالمجتمع، و يتحدد بمقتضاه مركزه الاجتماعي.

- يساعد على مزاولة نشاطه الاجتماعي و تدعيم الصلات مع الزملاء وإشغال أوقات الفراغ.

- هذه جميعها تؤدي إلى نوع من الاستقرار النفسي و الطمأنينة والتوافق مع النفس، و التكيف مع المجتمع و الرضا عنه.

- دلت الأبحاث إن ظروف العمل و أجوائه مهما كانت قاسية، فأنها لا تزيل دافع العمل و تقضي عليه، فالإنسان يسعى بدأب عن عمل يجعله عضواً نافعاً في المجتمع.

- و هكذا يتضح أن الحصول على المال أقل الدوافع أهمية في الأحوال الطبيعية.

معنى الدافعية

إن الدافعية حالة من الإثارة و التنبيه داخل الكائن العضوي: الإنسان   و الحيوان تؤدي إلى سلوك باحث عن هدف و تنتج هذه الحالة عن حاجة ما، و تعمل على تحريك السلوك و تنشيطه و توجيهه، و يزداد مستوى الدافع كلما طال الزمن المنقضي في حالة حرمان، كما يزداد مستوى الدافع   كلما أصبح الهدف أكثر جاذبية، والدافع مفهوم فرضي مجرد لا يشاهد أو يقاس بطريقة مباشرة و المصطلح الإنكليزي مشتق من كلمة لاتينية تعني (يتحرك) و أهم ما يحرك الدافع الحاجات والبواعث.

و يستخدم مصطلحا (الدافع و الحاجة) في بعض الأحيان بصورة تبادلية ولكن الحاجة دائماً ما تشير إلى فيزولوجية من الحرمان في الأنسجة، على حين يرجع الدافع على الآثار السيكولوجية للحاجة.

و تعد الحاجة و الدافع مترادفين، و لكنهما غير متطابقين ولا يصبح الدافع بالضرورة قوياً مثلما تصبح الحاجة قوية،   فيمكن أن يكون الكائن العضوي الجائع ضعيفاً جداً، و لكن حاجته إلى الطعام تنبهه (دافع البحث عن الطعام) تكون قوية.

أما الباعث: فهو موضوع أو شخص أو موقف ندركه على أنه قادر على إشباع حاجة ما، فالطعام و المال و الانتماء و التقبل يمكن أن تعمل كلها على إنها بواعث، تؤثر على سلوكنا فالفار الجائع يجري في المتاهة عندما يشم رائحة طعام. و الكائن العضوي لا يندفع إلى النشاط كلياً عن طريق حوافز داخلية، فهناك أيضا منبهات خارجية (البواعث)، و تقوم بدور مهم أيضاً في إثارة السلوك.

و يمكن أن نفهم الدافعية بصورة أفضل على أنها تفاعل بين المنبهات البيئية وحالة فيزولوجية خاصة للكائن العضوي.

و يمكن تعريف الدافعية في العمل على أنها الرغبة في بذل أعلى مستوى من الجهد لتحقيق الأهداف التنظيمية شريطة أن يؤدي ذلك إلى أرضاء بعض حاجات الفرد.

كما يمكن تعريفها على أنها الطاقة الحيوية الكامنة، أو الاستعداد الفسيولوجي أو النفسي الذي يثير في الفرد سلوكاً مستمراً متواصلاً لا ينتهي حتى يصل إلى أهدافه المحددة سواء كان ذلك السلوك ظاهراً يمكن مشاهدته أو خفياً لا يمكن مشاهدته و ملاحظته.

و يعرف كل من (Steers and Porter, 1983, Siegel and Lane, 1987) الدافعية على إنها (مجموع العمليات التي تؤثر على مستوى الإثارة والاتجاه والحفاظ على السلوكيات ذات العلاقة بأماكن العمل).

فالدوافع هي العملية التي بواسطتها يبدأ سلوك العامل، ويتحدد اتجاهه ويستمر إلى غاية تحدد الأهداف التي يراد تحقيقها سواء كانت أهدافاً فردية أو جماعية أو تنظيمية.

و بهذا فأن الأساس يعد الدافع بمثابة قوة محركة موجهة للسلوك في آن واحد، فهو قوة محركة لأنه يثير الفرد للتصرف بأنماط سلوكية معينة، و هو قوة موجهة لأنه موجه لتلك الأنماط السلوكية للوصول إلى هدف معين أو غاية محددة، و للدافع وجهان داخلي محرك و هو الحافز الذي يثير السلوك و الثاني خارجي موجه هو الهدف الذي يقصده السلوك الناشئ نتيجة إثارة الدافع له.

أهمية دافعية العمل و بواعثه

يعتقد معظم المديرين بأنه إذا كان العمال في مؤسسة معينة لديهم من الحماس الكافي لإنجاز المهمة التي أسندت إليهم فأن المؤسسة سوف تستفيد من ذلك و يذكر الدكتور عمار الطيب كشرود عدداً من الأسباب التي تجعل العمال المحفزون يزيدون من فعالية منظماتهم بالأتي:

1. إن العمال المحفزين يبحثون باستمرار عن الطرق المثلى لأداء العمل. ففكرة كهذه بالإمكان تطبيقها على المديرين في الإدارة العليا الذين يبحثون عن استراتيجيات جديدة مشتركة. كما أنه بالإمكان تطبيقها أيضا على عمال الإنتاج الذين يبحثون عن أفضل الطرق لتنفيذ عمل محدود ، فعندما يبحث العمال والموظفون بحماس عن الطرق المثلى لأداء شيء معين فإنهم عادة يفلحون في ذلك .

2- إن العمل المحفز هو في العادة يركز جل اهتمامه على النوعية والجودة. وهذا صحيح، سواء تكلمنا عن المدير العام الذي يقضي وقتا أضافياً في جمع البيانات والمعلومات ويحاول تحليلها والغرض من ذلك هو تحضير التقرير الدوري عن المنظمة وشؤونها. أو الكاتب الذي يعتني عناية زائدة وهو ينظم ملفات المنظمة المهمة. ففي كلتا الحالتين تستفيد المنظمة من ذلك ، لان الأفراد عامة ينظرون للمنظمة على أنها واعية بأهمية جودة منتجاتها.

3-إن العمال المحفزين دائما ما ينتجون أكثر من زملائهم غير المحفزين ودليل ذلك يكمن في المنظمات اليابانية ، فإنتاجية عمال المنظمات اليابانية تعود إلى العديد من الأمور. لكن مستويات الدوافع لديهم عالية ولا جدال في ذلك. وما دامت الإنتاجية العالية تعد من الاهتمامات الرئيسية لجميع المنظمات دون استثناء ، ومادامت الدوافع تعد هي الأخرى عنصرا مهما في الإنتاجية العالية ، فأنه من الضروري جدا على المديرين أن يركزوا جل اهتماماتهم على المستويات المختلفة لدوافع عمالهم .

وبما أنه لا يحدث أي شيء في المنظمة دون تكلفة. إذا ما هو الفرق في الإنتاجية الذي تحدثه الدوافع في العمل؟. بعبارة أخرى، هل خلق دوافع لدى العمال وما يقابلها من تكاليف تعود هذه العملية بفائدة على المنظمة تفوق تكاليف هذه الدوافع؟ من الصعب جدا إعطاء إجابة دقيقة على هذا السؤال. فالمعروف حاليا هو أن الفرق في الإنتاجية بين العامل المحفز تحفيزاً عالياً والعامل المحفز تحفيزاً متوسطاً يقدر بحوالي (25%)، إذا كانت كل الأمور الأخرى متماثلة. وبالتالي فأنه ينبغي على الإدارة أن تقرر مسبقا كمية الزمن ، والجهد ، والموارد التي ترغب في استثمارها لتحقيق الربح والفائدة التي تكمن في إنتاجية (25 %).

الفصل السابع

الشــخصيـة

الفصل السابع
الشــخصية

تمثل الشخصية لجميع الدراسات السيكولوجية المختلفة نقطة البدء ونقطة النهاية. فهي نقطة البدء. لأننا نود أن نكشف عن فاعلية الفرد في مجال معين وعن أحسن الشروط الكفيلة بتحقيق هذه الفعالية.

و هي نقطة النهاية لأن فهمنا للشخصية يضفي على العلم صفة القضايا الكلية العامة التي تؤدي بدورها إلى وضع القوانين التي تخضع لها الظواهر النفسية، وأن الشخصية لها القدرة على التكيف لمواقف مختلفة و متعددة.

فالشخصية كما تنمو يعالجها علم النفس للنمو، و الشخصية كما تصنع يعالجها علم النفس الصناعي. و كما تتفاعل مع المجتمع يعالجها علم النفس الاجتماعي، و الشخصية التي تتغير و تتعلم وفق توجيه هادف يعالجها علم النفس التربوي، و أنها تعد المصدر الرئيسي للظواهر النفسية.

تعريف الشخصية

إن الشخصية هي كلمة نستخدمها كثيراً في مفرداتنا اليومية، و أن لهذه الكلمة كثير من المعاني، فنحن نقول أن شخصية هذا الفرد مثلاً قوية. بينما نقول شخصية ذلك الفرد ضعيفة. أي: نقصد بذلك أن ما يميز الشخص الأول عن الشخص الثاني هو أنه ذو تأثير على غيره من الناس و أنه مستقر في رأيه و له أهداف واضحة في الحياة.

أما الشخص الثاني فليس فيه ما يميزه عن غيره. بل أنه ضعيف الإرادة، ويتأثر بغيره. و أيضاً ضعيف التأثير على غيره و هو إنسان هوائي متقلب الآراء.

أما تعريف الشخصية في علم النفس فلها عدة تعاريف كثيرة منها:-

ما يقصد بالشخصية: النظام الكامل من النزعات الثابتة نسبياً والجسمية والنفسية التي تميز فرداً معيناً و التي تقرر الأساليب المميزة لتكيفه مع البيئة المادية، والاجتماعية.

إن هذا التعريف يملي على عالم النفس الذي يتعرض للشخصية أن يعنى بأمور ثلاثة هي:-

1. الأغراض و الأهداف.

2. الطاقة.

3. الفعالية.

1. **الأغراض والأهداف:-** التي يهدف إليها الفرد سواء كانت هذه الأهداف الشعورية قريبة أو بعيدة.

2. **الطاقة:-** أي أنها القوة و الثبات التي يتشبع بها كل فرد بغرض من الأغراض أو كلها معاً.

3. **الفعالية:-** فعالية عملياته العقلية التي تساعد هذه الطاقة لتحقيق أغراضه التي تضع الوسائل الصالحة لتحقيق أهدافه. بما أن الشخصية هي عبارة عن مجموعة نزعات موجهة نحو هدف معين، أو أهداف معينة. فإنها وحدة ديناميكية. أي:

4. بمعنى أنها كل متحد لا ينفصل، تصدر منه آثاراً معينة في البيئة التي توجد فيها هذه الآثار. و هي ما أطلقنا عليه (السلوك الحيوي).

فالسلوك الحيوي:- يصدر عن شخصية واحدة متكاملة ذات تأثير ديناميكي في المجال الذي توجد فيه هذا المجال (السلوكي) و هو الحيز المحيط بالذات وتظهر فيه آثار قوة الذات أو الشخصية من حيث أنها مزودة بقوة محركة أو نزعات موجهة فيما حولها، و تتأثر بما حولها. و التأثير بين الشخصية ومجالها الخارجي تأثير متبادل مستمر دائم.

فالحقيقة أن الشخصية مزودة ببعض النزعات الوراثية إلا أن هذه النزعات قابلة للتغير و التعديل بحكم العوامل المؤثرة فيها من المجال.

إن نظرتنا للشخصية على ضوء أنها (وحدة ديناميكية) نامية متأثرة بالعوامل الأخرى الموجودة في المجال و أنها قابلية لها في التشكيل تبعاً للعوامل كافة.

العوامل الشخصية

إن العوامل الشخصية التي يتأثر بها الفرد يمكن أن نفرق بينها. و هي:

1. العوامل الجسمية.

2. العوامل الاجتماعية.

1. **العوامل الجسمية:-** هي تلك التي تتعلق بالنمو الجسمي العام والحالة الصحية العامة، و في هذه المجموعة من العوامل تميز بين صفتين:-

الصفات العامة الجسمية:

1. النمو الجسمي.

2. الصحة العامة.

3. المقاومة ضد الأمراض.

أما الصفة الأخرى و الخاصة فهي أن يكون الفرد مميزاً مـن ناحيـة جسـمية خاصـة كالطول، و القصر، و بعض العاهات الجسمية.

2. **العوامل الاجتماعية:-** و هي تلك العوامل التي تتعلق بالبيئة التـي يعيـش فيهـا الفـرد و هذه المجموعة من العوامل التي يتميز فيها بين مجموعتين.

المجموعة الأولى:- و هي تلك التي تتعلق بالظروف الاجتماعية داخل المنزل و لهـا أثـر في الشخصية و يمكن أن تميز في هذه المجموعة من العوامل بين أربعة عوامل.

1. العامل الأول:- هو الحالة الاقتصادية للأسرة أي أن يكون للأسرة مستوى فوق خط الفقر.

2. العامل الثاني:- وهو الظروف المنزلية أي الأسلوب الذي يتخذه الوالدان في المنـزل الذي يحتوي الأسرة من أب و أم و أولادهما.

3. العامل الثالث:- وهو عملية الأسلوب الذي يتخذه الوالـدان في المنـزل في معاملـة الأولاد و يكون صارماً.

4. العامل الربع:- هو صلاحية المنزل للتربية فالمنزل غير الصالح للتربية هو منزل غـير لائق به.

2. **المجموعة الثانية:**- و تتعلق بظروف نشاط الطفل خارج المنزل. و يمكن إجمالها بما يأتي:-

1. ظروف العمل:- فالعمل الغير مناسب يساعد على الانحراف أو من أساليب عدم توافق الشخصية.

2. الطريقة التي يقضي بها أوقات فراغه.

3. أنواع الأصحاب الذين يرافقونه:- فلا شك أن الأصحاب لهم أثراً معيناً في توجيه ميوله وأوقات فراغه و نشاطه الترويحي.

تطور نمو الشخصية (سنوات ما قبل الدراسة)

نتساءل ما السبب في أن بعض الأطفال جبناء و بعضهم الأخر شجعان؟ و لماذا نجد طفلاً سعيداً منطلقاً؟ و الأخر شديد الخجل؟ .

إن لكل طفل شخصية فريدة. أي نمط خاص من المشاعر و التفكير والاتصال بالآخرين، و التوافق مع البيئة. و تطور الشخصية و نموها إنما يتأثر بعدة عوامل ومن بينها الاستعدادات التي تتحدد وراثياً. فضلاً عن القيم الاجتماعية أو المجموعة التي ينتمي إليها في أسرته و التفاعلات التي تكون بينه و بين أقرانه وما يتعرض له من سلوك و معايير صادرة عن وسائل الإعلام.

و من الواضح أن جانباً هاماً من تطور نمو الشخصية و نشأتها هو عبارة عن عملية التنشئة الاجتماعية (Socialization) و تلك العملية التي يكتسب الفرد بفضلها أنواع السلوك و المعتقدات، و المعايير و الدوافع التي تعتز بها الأسرة والمجموعة الحضارية التي تنتمي إليها الأسرة.

و خلال سنوات ما قبل المدرسة يكون للأب و الأم و الأخوة والأخوات و الناس المختلطين بالطفل لهم أكبر دور في عملية التنشئة الاجتماعية.

و من الطبيعي أنهم لا يقومون بهذا وحدهم و أن الأقران و المعلمين والجيران ووسائل الإعلام كلها تشترك في عملية تنشئة شخصية الطفل.

محددات الشخصية

يولد الطفل و لديه إمكانات معينة مثل:- تركيب جسمه (كلون العين، والشعر، والذكاء)، و القدرات الخاصة (كالمواهب الموسيقية، و الفنية، و كذلك الإرجاع الانفعالية).

و تدعم تلك الامكانات نتيجة الاستجابات الوالدين و طريقتهما في التنشئة، ثم تتفاعل هذه الامكانات المدعمة بعد ذلك مع الأقران، و الأقارب، المدرسة، و المجتمع بالأسرة.

المحددان البيولوجي و البيئي هما عاملان أساسيان في تشكيل الشخصية هما:-

أ.   المحددات البيولوجية.

ب. محددات البيئة.

أ. المحددات البيولوجية

1.   الوراثة .

2.   بنية الجسم.

3.   فيزيولوجيا الجسم.

1. **الوراثة:-** يؤثر النمط الوراثي الخاص الذي يتكون منذ الإخصاب في شخصية الفرد التي تنمو فيما بعد.

و في حالات متطرفة نجد أن تلف المخ الموروث أو التشوهات الولادية (أثناء عملية الولادة) أو الوضع قد تؤثر كثيراً على سلوك الشخص، و فضلاً عن ذلك فهناك عوامل جسمية مثل (الطول، الوزن، ولون الجلد، و حدة الحواس وغيرها).

و قد ركزت البحوث الخاصة في هذا على وراثة خصائص الشخصية عن طريق دراسة التوائم.

2. **بنية الجسم Physique**

هي التركيب البدني الظاهر لجسم الإنسان و نمط العلاقات بين مختلف أعضائه، و فكرة الارتباط بين بنية الجسم و الشخصية فكرة قديمة، و تعكسها أقوال شائعة مثل (الأشخاص السمان مرحون، الشخص النحيف مفكر و متأمل، والشخص الطويل الرفيع لابس النظارات مثقف ذكي).

و قد ذكر شكسبير في مسرحية (بوليوس قيصر) ما يلي: (فليكن حولي رجال لهم أبدان بدينة، و رؤوس خاوية ناعمة، رجال ينامون ملء جفونهم).

أما كاسيوس هذا فنظراته متعطشة متسائلة و هو يفكر كثيراً.(أمثال هذا الرجل خطرون).

والعلاقات بين بنية الجسم و كل من الشخصية و الاستعداد للإصابة بالإضطرابات النفسية و الأمراض العقلية و العضوية مشكلة قديمة جداً بدأت دراستها منذ الطبيب اليوناني (ابرقراط) عام 430 ق.م.

وأكثر الإسهامات شهرة هي تلك التي قام بها كل من (ارنست كرتشمر) و(وليم شلدون). إذ ميز أولهما بين أربعة أنواع من تركيب الجسم هي:-(البدين، الهزيل، الرياضي، المشوه).

و قام (شلدون) بفحص بنية الجسم بطريقة مبتكرة هي التصوير الفوتوغرافي المقنن في حالة العري (و يثير ذلك عدة مشاكل) و ربط شلدون بين بنية الجسم والشخصية كما يأتي:-

1. **البنية المكتنزة**:- و هو النمط القصير سمين له جسد ناعم و هو شخصية منبسطة اجتماعية مرحة هادئة تنشد السلام مع المحيطين به و المتقبل من جانب الآخرين (له مزاج حشوي).

2. **البنية المتوسطة**:- و يتميز صاحبها بجسد صلب مفتول العضلات، وهو شخصية مناضلة نشيطة صريحة و مستقيمة و يكشف عن مزاج بدني.

3. **البنية الواهنة**:- يتسم صاحبها بجسد نحيل طويل و ضعيف وهو شخصية متوترة مفيدة واعية مغرمة بالعزلة، يهتم بالأعمال العلمية له مزاج عقلي.

ب. محددات البيئة

تشكل الشخصية بالعوامل البيولوجية أي أن عوامل البيئة أيضاً لها تأثير على شخصية ونقصد بعوامل البيئة هي البيئة الثقافية الاجتماعية الأسرية في أوسع معنى لها و يمكن أن نقسم هذه محددات البيئة إلى نوعين:-

1. الخبرات المشتركة.

2. الخبرات الفريدة.

1. **الخبرات المشتركة:-** هي أن تشرك كل الأسرة في أي حضارة في معتقدات وعادات و قيم مشتركة. و يتعلم الطفل خلال نموه أن يسلك بالطرق المتوقعة من ثقافته.

2. **الخبرات الفريدة:-** و هي أن يستجيب كل شخص بطريقة خاصة للضغوط الاجتماعية و قد تنشأ الفروق بين الأفراد في السلوك نتيجة فروق بيولوجية ولكنها يمكن أن تنتج أيضاً عن أنواع الثواب و العقاب التي تصدر عن الآباء والمدرسين، و عن نوع النماذج أو القدوة المتاحة للطفل.

التفاعل بين محددات الشخصية

تتفاعل الوراثة مع البيئة لتشكلان الشخصية للفرد و تنتج كثير من صفات الشخصية عن مزيج من التأثيرات الوراثية و البيئة و غالباً ما يصعب أن نحدد النسب المئوية لأهمية كل من المؤثرات الوراثية و البيئية، و لكن من السهل أن نرى الوراثة و البيئة تعملان معاً في تفاعل، فمثال ذلك (الغذاء). فغذاء الأم قد يؤثر في بيئة الرحم و من ثم يؤثر في الطريقة التي تظهر بها الخصائص الوراثية في الجنين، و فيما بعد يمكن أن يؤثر غذاء الشخص في وزنه و بالتالي في مظهره العام.و هذا بدوره قد يعد الشخص لأن يسلك أساليب معينة، أو يجعل الآخرين يسلكون سلوكاً خاصاً تجاهه.

أهم نظريات الشخصية

ظهرت الكثير من النظريات التي حاولت فهم و تفسير مكونات الشخصية الإنسانية و معالمها، و هي و أن بدت في كثير من الأحيان متعارضة إلا أنها في واقع الحال متداخلة و ذات نقاط مشتركة عديدة. و فيما يأتي استعراض موجز من هذه النظريات:-

1. الشخصية من وجهة نظر التحليل النفسي

لقد شبه فرويد العقل بجبل من الجليد يمثل الجزء الصغير الطافي منه على سطح الماء منطقة الشعور في حين يمثل الجزء الأكبر الغاطس تحت سطح الماء منطقة اللا شعور. و في هذه المنطقة الفسيحة من اللا شعور توجد الدوافع الغريزية و الشهوات و الأفكار والمشاعر المكبوتة، و يرى فرويد أن بناء الشخصية يضم ثلاث نظم هي: (الهو، و الأنا، و الأنا الأعلى أو الضمير) فيقول أن لب وجودنا يتألف من (الهو) المعتم الذي لا علاقة مباشرة له بالعالم الخارجي، و فيه تعمل الغرائز العضوية و همها الأول الحصول على الإشباع العاجل المطلق كما يشتهي الهو فيفضي إلى صراع خطر مع العالم الخارجي و يؤدي إلى الدمار.

فالهو أذن النظام الأصلي للشخصية و يتكون من كل ما هو موروث و موجود سايكولوجياً منذ الولادة بما في ذلك الغرائز، إنه مستودع الطاقة النفسية و الذي يعمل على تفريغ التوتر و يسمي ذلك بمبدأ اللذة.

أما الأنا فيرى فرويد أنها متصلة بالعالم الخارجي- الواقع-إذ تم إعدادها لتلقي المنبهات و استبعادها، فالأنا يدين بأصله و خصائصه إلى العالم الخارجي الواقعي، و يخضع لمبدأ الواقع، و يفكر تفكيراً موضوعياً و معتدلاً، و متماشياً مع الأوضاع الاجتماعية المتعارف عليها.

أما وظيفته فهي الدفاع عن الشخصية و العمل على توافقها مع البيئة، و حل الصراع بين الكائن الحي و الواقع أو بين الحاجات المتعارضة للكائن الحي.

و يمثل الأنا الأعلى المثل الداخلية للقيم التقليدية للمجتمع. و هو شيء موجود داخل الفرد و ليس خارجه. و عندما ينمي الفرد أنا أعلى داخل نفسه يكون حينئذ قد أصبح شخصية ناضجة.

2. نظرية يونج

يرى يونج أن الشخصية الكلية أو النفس تتألف من عدد من الأنظمة المنفصلة و المتفاعلة برغم ذلك و هي :-

أ. الأنا:- و هو العقل الشعوري المسؤول عن الإدراكات والذكريات و الأفكار والعمليات الشعورية.

ب. اللا شعور الشخصي:- و يتكون من خبرات كانت شعورية ثم كبتت وهو مستودع خبرة الشخص و من الممكن استحضار مادة ألا شعور لتساعد الفرد في حياته اليومية.

ج. العقد:- تجمع من الوجدانات و المدركات و الذكريات توجد في اللا شعور الشخصي مثل عقدة الأم و عقدة الأب و عقدة القوة.

د. اللا شعور الجمعي:- و هو مخزن أثار الذكريات الكامنة التي ورثها الإنسان عن ماضي أسلافه الأقدمين.

هـ. القناع :- و يمثل الوجه الذي يظهر فيه الإنسان أمام المجتمع و قد يكون غريباً تماماً عن مقاصده الحقيقية.

و. الانيما و الانيموس:- و يقصد به الخصائص الجنسية الذكرية و الأنثوية.

ز. الظل:- و يمثل الغرائز الحيوانية فالدوافع اللا أخلاقية تصدر عن الظل فهو بمقام الهو عند فرويد.

ح. الذات:- و تقع موقع وسط بين الشعور و اللا شعور و تكون قادرة على أعطاء التوازن للشخصية فهي تحفظ للنفس حالة استقرار و ثبات نسبي.

لقد ميز يونج بين اتجاهين تتخذها الشخصية اتجاه الانبساط و اتجاه الانطواء فالشخص المنبسط من يولي اهتمامه بالعالم الخارجي و إليه يعزي كل قيمة جوهرية أما الشخص المنطوي فهو الذي يولي اهتمامه نحو العالم الداخلي.

3. نظرية البورت

يرى البورت الشخصية بأنها ذلك التنظيم الدينامي الذي يكمن بداخله الفرد وينظم كل الأجهزة الجسمية التي تملي على الفرد طابعه الخاص في التكيف مع بيئته ومن أهم مبادئ نظريته:-

أ. العمومية و الفردية:- فالخاصية الجوهرية للإنسان فرديته فلا يمكن أن يوجد شخصان متشابهان.

ب. الدافعية:- فدوافع الإنسان تتضمن كل ما يمكن للفرد عمله شعورياً لا شعورياً إراديا أو منعكساً.

ج. الاستقلال الوظيفي:- و هو مبدأ مرتبط بتحليله للدوافع فهي متغيرة وتؤكد ذاتها بذاتها و تنمو و تصدر عن نظم سابقة.

د. الأنا و الذات:- يرى أن الأنا ذات قوة ايجابية كبيرة أكثر مما هو متمثل في مفهوم الأنا عند فرويد.

هـ السمات:- و تلعب دوراً واقعياً متحركاً في كل سلوك، والسمات مستقلة نسبياً كل منها عن الأخرى.

إن الاهتمام بدراسة الشخصية ضروري لتحقيق غايات و أهداف تتصل بحياة الإنسان و دوره في المجتمع و على صعيد العمل و الإنتاج و ذلك بغية تنمية امكانات الشخصية و طاقاتها، و الاستفادة المثلى من إمكانات الشخصية و طاقاتها، والحفاظ على امكانات الشخصية و طاقاتها و استعداداتها و علاج المشكلات الاجتماعية العامة و الرقابة عليها كل ذلك في ضوء الأنشطة الإدارية و الإنتاجية ولتدعيم الاتجاهات الايجابية إزاء العمل بصفته قيمة عليا.

الفصل الثامن

ديناميات الجماعات
في العمل

الفصل الثامن

ديناميات الجماعات في العمل

لا يعيش الإنسان بمفرده و لا بد أن يحتك بغيره من الناس و يقيم معهم علاقات شتى لا سيما داخل النسق التنظيمي. إن سلوك أي منا لا يؤثر علينا وحدنا بل يؤثر على الآخرين كما نتأثر نحن بما يفعله الآخرون فالأفراد في حياتهم الاجتماعية أعضاء يتبادلون المنافع و يتنافسون و يتحكمون إلى قيم سلوكية في كل المجتمعات البشرية، و ضرورة من ضرورات النظم الاجتماعية إذ لا وجود لهذه النظم إلا داخل الجماعات.

لقد شغل موضوع الجماعة وحركتها حيزاً هاماً في أدبيات علم النفس التنظيمي و الإداري فالجماعات على مختلف أشكالها توجد باستمرار في المنظمات، و أنها ضرورية جداً لما لها من تأثير على الأداء التنظيمي ككل، و قد أشارت الدراسات في هذا الشأن إلى أن الجماعات لها تأثير مباشر و مهم و ليس فقط على أعضائها، بل أيضاً على الجماعات و بعض المنظمات الأخرى التي تتعامل معها.

لقد بدأ الاهتمام بدراسة الجماعات و دينامياتها في أواخر الثلاثينات من القرن الماضي خصوصاً على يد (كورت ليفين) أحد علماء مدرسة المجال الكلي في وقت كان فيه علماء النفس ينكرون عموماً وجود أي حقيقة للجماعة فالأفراد وحدهم هم الذين لهم وجود.

تعريف جماعة العمل

يعرف كل من ارنولد و فلدمان Arnold and Feldman 1986 جماعة العمل على أنها (مجموعة تتكون من فردين أو أكثر يتفاعلون مع بعضهم بعضاً و يقتسمون اهتمامات مشتركة و يجتمعون لإنجاز بعض النشاطات الوظيفية).

لقد كان الاهتمام بمفهوم الجماعة أحد المصادر الرئيسة التي أسهمت في تعميق الاهتمام بدراسة التنظيم. فقد كانت الدراسات التي أجريت في شركة (ويسترن إليكتريك)، و التي ارتكزت على ملاحظة جماعات العمل و إجراء التجارب حول بعض المتغيرات الاجتماعية النفسية قد ركزت على تحليل الأحداث الاجتماعية و الإنسانية التي يلاحظها الباحث في موقف العمل فضلاً عن تحليل عمليات التفاعل و العلاقات الشخصية المتبادلة إضافة إلى ما يعرف بديناميات الجماعة و هو اتجاه تطور بعد دراسات كورت ليفين عن الجماعات الصغيرة،و لذلك حظي هذا الموضوع باهتمام الباحثين في حقول علم النفس الإداري و علم النفس الاجتماعي فضلاً عن العلوم السلوكية الأخرى.

إن العامل و الموظف يشغل منزلة في الجماعة و في مجال العمل يشير مصطلح المنزلة أو المركز إلى كيفية النظر إلى هذا الإنسان ضمن البناء التنظيمي أو ضمن بيئة العمل.

فلكي تحدد منزلتك ضمن جماعة عمل ينبغي أن تعرف هل أنت قائد؟ أم معزول؟ و هل تستطيع أن تؤثر في سلوك جماعتك؟ و كلما ارتفعت منزلتك كلما تكون أكثر تفكيراً في كونك مؤثراً في سلوك الجماعة.

إن هناك طرق عديدة نستمد بواسطتها منزلتنا في جماعة العمل، فالعمل هو نظام أو نسق اجتماعي و منزلتنا مستمدة من وجودنا ضمن التنظيم، و هناك ثلاثة أنواع من جماعات العمل التي يمكن للعاملين الانضمام إليها و هي:-

أ‌. **جماعة القيادة:** و تتكون من المشرف و مرؤوسيه. فرئيس الجامعة و عمداء الكليات، و رئيسة الممرضات و الممرضات التابعات لها كلهم يمثلون جماعات القيادة. و تعد هذه الجماعات القيادية جزءاً دائماً من هيكل المؤسسة حتى لو غادر المؤسسة أي مشرف أو مرؤوس فأن هيكل هذه المؤسسة يبقى سليماً و لا يتأثر بمغادرة هذا العضو أو ذاك.

ب‌. **جماعة المهام:** و تتكون من العاملين الذين يعملون مع بعضهم لإنجاز مهمة ما، أو مخطط معين و لكنهم لا يخضعون بالضرورة لنفس المشرف أو المسؤول،نجد في كثير من المنظمات لجاناً مثل لجنة الأمن الصناعي و حوادث العمل اصدق مثال على هذا النوع من الجماعات، فهذه اللجنة تتكون من عدد من الأفراد التابعين لدوائر و أقسام مختلفة و تقوم بدور التنسيق من أجل تطوير قواعد وقوانين الأمن الصناعي و تراقب امتثال و تطبيق العمال لمثل هذه القواعد والقوانين. فإذا كان الفرد عضواً في جماعات المهام فأن ذلك لا يستدعي تعيينه بصفة دائمة بل يتم تعيينه بصفة مؤقتة حيث أنه يأخذ الأفراد بعيداً عن الجماعات القيادية بغرض العمل لحل مشكلة شتركة.

ج‌. **الجماعات الغير رسمية:** هي تلك التي ينظم إليها الأفراد طواعية. فعلى سبيل المثال نجد النساء المنفذات في العديد من المؤسسات يجتمعن مرة واحدة أو مرتين أو أكثر كل شهر لمناقشة التحديات أو المشكلات التي يواجهنها في وظائفهن، و يمكن للعمال أن يكونوا أعضاء في أكثر من جماعة غير رسمية.

إن الأسباب التي تدعو الأفراد إلى الانضمام للجماعة عديدة ، ومن ضمنها ما يأتي:-

1. **الانتساب:** فمن الأسباب التي تدفع الأفراد إلى الانضمام إلى الجماعة، أنهم يتمتعون و يرتاحون إلى صحبة أناس آخرين بصورة منتظمة ومستمرة وخاصة بالنسبة لهؤلاء الذين يشاركونهم في أمور ذات الاهتمام المشترك، فكثير من العمال يؤدون مهامهم خلال ساعات طويلة فتكون فرص التفاعل الاجتماعي مع الآخرين خارج العمل قليلة فمتطلبات الانتساب يجب أن تشبع في العمل داخل المنظمة أو لا تشبع على الإطلاق.

2. **الأمن:** و هو شعور الأفراد بنوع من الأمن، فعلى مستوى المنظمات الحديثة فأن انضمامهم إلى الجماعة من شأنه أن يقلل من الشعور بعدم الأمن الوظيفي.

3. **التقدير أو الاحترام:** فالفرد يستطيع أن يزيد من احترامه و تقديره الذاتي و ذلك بعضويته في الجماعة.

4. **القوة:** يمكن للعضوية في جماعة العمل أن تكون مصدر قوة من باب (الاتحاد قوة و الانقسام ضعف).

5. **الهوية:** فالفرد لا يرى نفسه مباشرة إلا من خلال انعكاس سلوك الآخرين تجاهه فعضويته في جماعة معينة تمكن من الإجابة على السؤال التالي: من أنا؟ .

6. **الصداقة:** ينتمي معظم الأفراد إلى جماعات مختلفة منها الرسمية وغير الرسمية بغرض تأليف صداقات مع الأعضاء الآخرين.

7. **الإنجاز:** أن إنجاز عمل معين لا يمكن أن يتم إلا إذا كان هناك أكثر من فرد لأن العمل يصبح سهلاً بسبب المجهود الجماعي فيمكن لأي عدد من الأفراد في المنظمة أن ينظموا إلى بعضهم بعضاً و يكونوا جماعة عمل بغرض الاشتراك في أمور عديدة تتعلق بإنجاز المهام و إبراز مواهبهم و طاقاتهم في ذلك العمل المشترك.

خصائص الجماعة و أنواعها

إن ما يكسبه العامل بانتمائه إلى جماعات عمل يتضمن الشعور بالرفقة و الهوية الواضحة و يذكر (ليونارد سايلز و جورج شتراوس) أنه كلما وجدنا أنفسنا في موقف اجتماعي جديد نكون غير متأكدين بما ينبغي عمله، و أن أيام عملنا مليئة بالمواقف الغامضة، و أن انتمائنا إلى جماعة يساعدنا على أن نواجه ذلك لأن الآخرين سوف يخبروننا عما ينبغي أن نقوم به، فالجماعة وحدة اجتماعية تتكون من عدد من الأفراد يربطهم قاسم مشترك يتجسد في نفس القيم و في أداء الأدوار المتخصصة و أتباع قواعد سلوكية معينة في تصرفاتهم لذا فأن لفظ (الجماعة) يتضمن الخصائص التالية:

أ. **العلاقات الاجتماعية:** فالأعضاء يجب أن يتلاقوا بشكل دوري لمناقشة بعض الأمور ذات الاهتمام المشترك و العمل معاً لتحقيق بعض الأهداف و إنجاز بعض المهام التي تتطلب عملاً جماعياً.

ب. **القيم:** أي وجود شيء مشترك يؤمن به أعضاء الجماعة، كالقيم و المبادئ والأفكار فيمكن أن يتقاسموا هدفاً مشتركاً كالدفاع عن وظيفتهم أو اهتماماً معيناً كالأمن أو مواجهة خطر مشترك كاحتمال غلق المؤسسة.

ج. **المعايير:** و تعني قواعد السلوك أو المعايير التي تحكم سلوك الجماعة و التي يتم تحديدها من قبل أعضاء الجماعة أنفسهم و معاقبة من يخرج عن هذه القواعد من أعضائها.

د. **الأدوار:** فكل عضو في الجماعة يلعب دوراً محدداً، و يتكون دوره من توقعات الأعضاء الآخرين عنه و توقعاته عن نفسه، و يسهم دور العضو في تحقيق الهدف الذي تسعى إليه الجماعة بالإضافة إلى أدوار الآخرين.

إن جماعات العمل تقوم على أساسين:-

أولاً: هو البناء الرسمي:- مثل قسم الإنتاج و قسم الأفراد و قسم التسويق و غير ذلك مما يثبت في الهيكل التنظيمي.

ثانياً: البناء غير الرسمي:- و فيه لا ينظم العاملون على أساس توجيه من الرئيس أو صاحب العمل و لكن على أساس حاجات فيزولوجية و عقلية مشتركة بينهم، و كانت مدرسة العلاقات الإنسانية ابتداء من (التون مايو) قد أشارت إلى أن هناك جماعات رسمية و أخرى غير رسمية و بذلك فتحت مجالاً أوسع لتحليل النظم و سلوك العاملين فيها.

إن على الرؤساء أن يفهموا ديناميات الجماعة إذا أرادوا أن يبنوا جماعات عمل ذات تأثير، فماذا يستطيع الرئيس أن يفعل حتى يؤثر في سلوك الجماعة؟ من المعايير التي يشير إليها الباحثون في هذا المجال أن على الرئيس أن يتجنب وضع الأشخاص الذين يشعرون بعداء إزاء بعضهم البعض معاً في العمل.

و أن عليه أن يضع الأصدقاء معاً، مع أن لذلك أثار سلبية أيضاً كلما كان ذلك في مصلحة العمل، من جانب - آخر لا بد للرئيس أن يعطي اهتماماً لأولئك المنعزلين الذين يبدو أنهم يقفون خارج جماعات العمل، كذلك من الضروري الانتباه- في سياق إجراءات العمل- إلى عدم وضع جماعات متنافسة أو يحتمل أن يؤدي وجودها إلى المنافسة غير المنتجة.

إن ذلك كله يمكن أن يؤدي إلى ظهور جماعات العمل المؤثرة، و يلاحظ هنا أن مدى قدرة الجماعة على التأثير لا تتوقف على أهدافها فقط، بل على الأسلوب الذي تحاول من خلاله أن تصل إلى أهدافها.

الفصل التاسع

التدريب المهني

الفصل التاسع

التدريب المهني

مفهوم التدريب

يقصد بالتدريب Training تلك الجهود الهادفة إلى تزويد المتدرب بالمعلومات و المعارف التي تكسبه مهارة في أداء العمل، أو تنمية و تطوير ما لديه من مهارات ومعارف و خبرات، مما يزيد من كفاءته في أداء عمله الحالي، أو يعده لأداء أعمال ذات مستوى أعلى في المستقبل. و يعرف بعض المعنيين و المتخصصين التدريب بأنه: الجهود المنظمة و المخططة لتطوير معارف و خبرات و اتجاهات المتدربين و ذلك بجعلهم أكثر فاعلية في أداء أعمالهم. و بنفس المعنى يرى البعض بأنه (عملية ديناميكية تستهدف أحداث تغيرات في معلومات و خبرات و طرق أداء و سلوك و اتجاهات المتدربين بغية تمكينهم من استغلال امكاناتهم و طاقاتهم الكامنة بما يساعد على رفع مستوى كفاءتهم في ممارسة أعمالهم بطريقة منتظمة و إنتاجية عالية).

فهو الطريقة التي تساعد العاملين للوصول إلى طريقة العمل المثلى في عملهم الحاضر أو القادم. من خلال تنمية أفكار و عادات و حركات و مهارات صحيحة فيهم، بواسطة تزويدهم بمعارف و معلومات أو مهارات فنية. فهو نظام كامل يحتوي على أنظمة فرعية. و بنفس الوقت هو نظام فرعي من نظام أشمل (المنظمة). فأي تغيير في هذا النظام يؤثر بشكل أو بآخر على بقية الأنظمة، و بالتالي على هدف المنظمة. وفي ضوء ما تقدم يمكن الاستنتاج أن التدريب عملية تستهدف تطوير أداء العاملين،

وبالتالي أداء المنظمة و فاعليتها، عن طريق تزويد المتدربين بالمعارف والمعلومات اللازمة وإكسابهم المهارات و الخبرات المناسبة و تنمية اتجاهاتهم الايجابية المطلوبة.

و يعد التدريب عموما صيغة مباشرة من التعليم، يتم فيها تكوين مهارات سلوكية مهمة للفرد و للمؤسسة التي يخدمها، و تعديلها أو تحديثها، معتمداً في ذلك بدرجة رئيسية على طرائق و أساليب عملية تطبيقية. والتدريب مفهوماً و طبيعة يوازي في درجته التعليم. و قد يكون أكثر تطبيقاً عملياً لمادته المقررة. و إذا ما يكتفي التعليم أحياناً بتحصيل الفرد للمعارف و السلوكيات المطلوبة بالتطبيق أو بدونه، فأن التدريب لا يقف عند حد التحصيل المبدئي لهذه السلوكيات والمعارف. بل يوفر فرصة حقيقية أو شبه حقيقة لممارسة ما جرى تعلمه، ليكون التطبيق بهذا صفة ملازمة للتدريب ولا يكتمل بدونه.

إن مفهوم التدريب Training بمعناه الواسع يختلف عن جانبين من جوانب النشاط هما:- التعليم Education و التطوير Development فهو يتداخل مع هذين المفهومين. أما اختلافه مع التعليم، فإن أهداف التدريب تكون عادة ضيقة وأكثر دقة و تطبيقاً. بينما التعليم هو اصطلاح واسع يشمل الإطار العام للموضوع، ويقصد به أيضاً اكتساب الفرد المعرفة و المهارة لتطوير عاداته و اتجاهاته.

أما فيما يتعلق بمفهوم التطوير، فإنه يختلف عن التدريب نظراً لأنه يعني تنمية القدرة لدى الفرد بقدر يساعده على فهم المشاكل التي تواجهه، و معرفة مدى تأثيرها على الأمور التي يعالجها أو التي ترتبط بمشاكل أخرى لها علاقة وثيقة بالمشروع. ويمكن القول أن التدريب نوع من أنواع التعليم. و عليه فأن أي برنامج تدريبي هو تعليمي في نفس الوقت. و ليس بالضرورة أن يكون كل برنامج تعليمي برنامج تدريبي.

إن التدريب يتضمن تغيرات في مهارات و معارف و اتجاهات العاملين وسلوكهم الاجتماعي، و من ثم يمكن للمرء أن يدرك العلاقة بين التعليم والتدريب من خلال ملاحظة أن الأسس النظرية للتدريب في المنظمات، هي نفسها أسس التعليم التي طورت خلال العقود الماضية. دون أن ننسى حقيقة أن التجارب المختبرية على التعلم لا يمكن تطبيقها دائماً على الكائنات الإنسانية.

فهو أذن تعلم و تعليم يمكن الفرد من إتقان مهنته، و التكيف لظروف عمله. والتدريب الملائم هو أول خطوة أساسية لتحقيق هذه الأهداف. فإن الشخص المؤهل تماماً لعمل ما قد يفقد كفاءته لأنه لم يدرب التدريب الصحيح على العمل المطلوب منه.

إن التدريب يأخذ مكانته في كل مستويات العمل، و هو استمرار النشاط التنظيمي، خصوصاً على مستوى الإدارة. فهو يساعد الإدارة على تحقيق أهدافها ويعمل على نجاحها، و لعل دراسات تايلور خير مثال لفوائد التدريب المستمد من نتائج تحليل العمل، و دراساته في الوقت و الحركة. فعن طريق استخدام تايلور لأسس رئيسية ثلاثة، هي اختيار أصح الأفراد للعمل (الاختيار المهني)، وتدريبهم على طرق الأداء الأكثر كفاية، والحركات الأكثر اقتصادا في خدمة الإنتاج (التدريب المهني)، ومنحهم مكافأة تشجيعية (الدوافع النفسية وحوافز العمل) استطاع تايلور أن يرفع إنتاجية العمل لأربع أمثالها. كما استطاع (جلبرت) أن يرفعها إلى حوالي ثلاثة أمثالها .

وهكذا يمكن القول أن التدريب هو جهد تعليمي منظم يستهدف إكساب الفرد خبرات معينة تمكنه من أداء أفضل لعمله .

إن أي مشروع صناعي يحتاج إلى تدريب العمال الجدد الذين التحقوا لأول مرة بالمؤسسة ، كما يحتاج أيضا إلى إعادة تدريب الأفراد العاملين في نفس المؤسسة، بهدف أشغالهم مراكز جديدة داخل المؤسسة، أو لمواجهة أية تغيرات قد تحدث في طرق العمل، أو في العمليات الإنتاجية، نتيجة التطورات التكنولوجية التي قد تحل محل الأساليب القديمة التي كانت تتبع في العمل، والتي لا تتمشى مع هذه التطورات الحديثة. لهذا فللتدريب أهمية كبيرة داخل المؤسسة نظراً لأنه مرتبط بالكفاءة الإنتاجية، و أيضا يحقق الفاعلية في أداء الواجبات والمسؤوليات التي تشملها أية وظيفة في المؤسسة. كما أن التدريب يزيد من مستوى الكفاءة من حيث المهارات والمعلومات والاتجاهات المطلوبة ، كما انه وسيلة فعالة لتخفيض الحوادث، وزيادة مستويات الرضا عن العمل ، وانخفاض معدل الغيابات ، والتقليل من الإسراف والضياع ، وزيادة في الإنتاجية وتحسين نوعية المنتوج ، بحق استثمار لرأس المال البشري .

أهداف التدريب :

قد تختلف طبيعة وأهداف برامج التدريب. لكن الأهداف العامة يمكن أن نصنفها بما يأتي :-

1- **رفع الكفاية الإنتاجية** :- ويشمل زيادة الإنتاج وتخفيض التكاليف وزيادة الدخل عن طريق رفع مستوى كفاءة العاملين، أو عن طريق الاستفادة بطرق أفضل من المواد المتاحة في الآلات والمواد .

2- **تنمية المهارات والمعرفة بالعمل** :- وذلك بتزويد العامل بالمعلومات الكافية المتعلقة بعمله الذي سيعين فيه في المستقبل ويشمل المهارات المتمثلة

بالعلاقات الإنسانية و الإشراف والأنشطة التخطيطية والتنظيم وبعض القدرات الأخرى.

3- **نقل المعلومات** :- إن بعض البرامج التدريبية تهدف إلى إكساب المعلومات التي تخص العمل نفسه وكذلك قد تتضمن البرامج والخدمات التي تقوم بها المؤسسة كما تشمل أيضا معلومات عن نظامها وسياستها وتاريخها.

4- **تعديل الاتجاهات** :- إن الهدف الرئيسي من البرنامج التدريبي غالبا ما يكون تغيير أو تعديل اتجاهات الخاضعين للتدريب وهذا يتم بطرق عدة: كتنمية اتجاهات أكثر ملائمة لدى العمال، وزيادة الدافع لديهم، وزيادة الوعي بالإشراف والإدارة. فالتدريب عملية تعديل إيجابي لاتجاهات وسلوك الفرد مهنياً بهدف إكسابه معارف ومهارات لأداء العمل، وتعديل مواقفه لصالح العمل والمؤسسة.

أنواع التدريب :

إن للتدريب أهمية كبيرة في تطوير العاملين وفي تعميق صلاتهم ببعضهم البعض ، وتكريس ولائهم للمنظمة من خلال تقوية شعورهم بالرضا عن عملهم. ويختلف التدريب باختلاف نوع العمل، ونوع المدربين، وخبرتهم السابقة، ومكان التدريب، والمستوى المطلوب للتدريب، والمواد والأدوات المستخدمة، ومؤهلات المدربين، كما يختلف باختلاف السلعة المنتجة. لذا ينبغي تكييف نوع التدريب على وفق الظروف المختلفة

- فالتدريب من حيث أهدافه يصنف إلى :-

• تدريب حركي .

• تدريب اجتماعي.

• تدريب معرفي.

- أما من حيث وسائله يكون أما التدريب بالطريقة الإخبارية أو التدريب بالطريقة الإيضاحية، أو المناقشات الجماعية أو الأداء الفعلي للعمل.

- أما من حيث المتدربين، فيكون: تدريب العاملين الجدد و تدريب القدماء وذوي الخبرة

- أما من حيث مكانه، فيكون: في مكان العمل، أو في أماكن خاصة، أو التدريب المزدوج الذي يجمع الدراسة النظرية بالتمرين العملي .

مكونات العملية التدريبية :

إذا ما تعاملنا مع التدريب بصفته نظاماً على وفق مبدأ النظم الذي شاع استخدامه في السنوات الأخيرة فان العملية التدريبية ، تتكون مما يأتي :

أ- **المدخلات (Inputs)**، وتتكون من :-

- مدخلات بشرية : وتشمل المشركين في البرنامج التدريبي والمدربين الإداريين.

- مدخلات مادية : وتتضمن الأموال المخصصة للإنفاق على التدريب، والوسائل المستخدمة، والقاعات والمستلزمات.

- معلومـات وأسـاليب : وتشـمل الأفكـار والنظريـات التـي يطرحهـا المـدربون والمتدربون والأساليب التدريبية المعتمدة والمعلومات العامة .

ب- **العمليات (Processes)**، وتتلخص في :-

- عملية تقدير الاحتياجات التدريبية.

- عملية تصميم البرامج التدريبية.

- عملية تنفيذ البرامج التدريبية.

- عملية تقويم التدريب.

ج- **المخرجات (Outputs)** :-وتتمثل في ما يفرزه النظام من نتائج ومنها :-

- إكساب وتنمية المعارف والمهارات.

- تغير وتحسين الاتجاهات.

- رفع وزيادة كفاءة الأداء.

- حل المشكلات التي يكون سببها نقص الكفايات.

- تعميق انتماء الفرد لمنظمة العمل.

- تحقيق أهداف المنظمة.

د- **التغذية الراجعة Feed Back** :

وهي معلومات تصويبية راجعة مـن المخرجـات إلى المـدخلات والعمليـات. الهـدف منها تقويم آثار التدريب وزيادة فاعليته في مجال تحقيق الأهداف المرسومة.

مكونات العملية التدريبية

المدخلات	العمليات	المخرجات
- مدخلات بشرية - مدخلات مادية - معلومات طرق وأساليب	- تقدير الاحتياجات التدريبية - تصميم البرامج التدريبية - تنفيذ البرامج التدريبية - تقويم التدريب	- نتائج تتصل بالأفراد(معلومات, مهارات, اتجاهات) - نتائج تتعلق بالمنظمة - نتائج تتعلق بالمجتمع

تغذية راجعة

يتضح مما سبق إن العملية التدريبية نظام متكامل ذاتياً. أي: إن كل مرحلة من مراحل التدريب ترتبط ارتباطا عضوياً بغيرها من المراحل، وإن الكفاية الكلية للنظام تتوقف على كفاية كل مرحلة من مراحله. كما أن هذه العملية تشكل نظاماً متكاملاً من حيث النتائج التي تستهدفها. فهي لا تستهدف أحداث تغييرات سلوكية في المتدربين حسب، بل ترمي إلى تطوير المنظمة وتحسين إنتاجيتها.

<u>* فعاليات العملية التدريبية :-</u>

تتضمن العملية التدريبية عدداً من الفعاليات , منها التخطيطية ومنها التنفيذية وأخرى تقويمية :

1- **الفعاليات التخطيطية:** تعني تخطيط عملية التدريب، تحديد الأبعاد الرئيسية للجهود التدريبية. وتتضمن مرحلة تخطيط التدريب ثلاث فعاليات أساسية تتعلق بتحديد الحاجات، وتحويل هذه الحاجات إلى أهداف، ثم تحديد الأولويات.

أ- <u>تحديد الحاجات التدريبية:</u> تعد هذه الفعاليات الخطوة الأولى والأساسية في العملية التدريبية. إذ تبنى عليها عادة الفعاليات التدريبية الأخرى. وتعرف الحاجات التدريبية بأنها معلومات أو اتجاهات أو مهارات يراد تنميتها أو تغييرها أو تعديلها. أما بسبب ترقيات أو تنقلات أو لمقابلة توسعات أو نواحي تطوير معينة، أو حل مشكلات. إلى غير ذلك من الظروف التي تقتضي أعداداً ملائماً لمواجهتها. فالحاجات التدريبية أذن، هي الفجوة الحاصلة بين المعارف والمهارات والاتجاهات التي يتطلبها العمل والمعارف والمهارات والاتجاهات التي يمتلكها الفرد العامل .

متطلبات العمل من معارف واتجاهات ومهارات	-	**ما لدى الفرد من معارف واتجاهات ومهارات**	=	**الحاجات التدريبية من معارف واتجاهات ومهارات**

و يتضح مما تقدم أن المعيار الأساس الذي في ضوئه عملية تقدير الحاجات هو متطلبات العمل وما تتطلبه من معارف واتجاهات ومهارات ينبغي أن يمتلكها الأفراد ليتمكنوا من أداء أدوارهم المهنية بالشكل المطلوب. وتتجلى أهمية تحديد الحاجات التدريبية في ما يأتي:-

- يمكن أن تكون الحاجات الأساس الذي يتم في ضوئها تصميم البرامج التدريبية و تنفيذها.

- يمكن أن تعتمد الحاجات مؤشراً لقياس فاعلية التدريب ومدى نجاحه.

- يكون التدريب شكلياً ومضيعة للوقت والجهد والمال من دون تقدير الحاجات.

- تقدير حاجات الفرد التدريبية وإشباعها يزيد من فاعلية أداء الفرد لعمله.

- تحديد عمليات تقدير الحاجات: من المطلوب تدريبهم ؟ وما نوع التدريب المراد لهم ؟ .

ب. تحويل الحاجات التدريبية إلى أهداف :

لقد عرفت الأهداف في التدريب بأنها تشكل الفرق بين ما نمتلك من مهارات فعلاً ،وما نريد أو نرغب أن نمتلكه من مهارات. فالأهداف عموماً تتعلق بالوصول إلى غايات أو نتائج. لذلك فأن تحويل الحاجات التدريبية إلى أهداف يعد أمراً غاية في الأهمية. إذ أن الوصول إلى الغايات والنتائج يعني تلبية الحاجات وإشباعها، وبالتالي تحقيق الأهداف المتوخاة من التدريب. وتظهر أهمية تحديد أهداف التدريب في كونها:-

- تساعد في اختيار محتوى التدريب وأساليبه وأدواته المناسبة.

- تساعد على معرفة ما إذا كانت الأهداف الموضوعة قد تحققت وإلى أي مدى وذلك عن طريق أدوات القياس المعتمدة.

- تتيح للمدربين الفرصة لتنظيم جهودهم وتنسيقها باتجاه تحقيق هذه الأهداف.

جـ - <u>تحديد الأولويات والأسبقيات :</u>

بعد تحديد الاحتياجات التدريبية وتحويلها إلى أهداف، تأتي مرحلة تحديد الأولويات والأسبقيات لهذه الأهداف. ولذلك فإن عوامل عديدة تؤخذ بنظر الاعتبار، وبخاصة طبيعة الحاجات وحجمها، ومصادر التدريب المتوافرة، والميزانية المالية، والوقت المتاح .

2- **الفعاليات التنفيذية :-**

تتضمن مرحلة تنفيذ التدريب فعاليتين هما :-

أ. **تصميم البرنامج التدريبي** : وتتضمن عملية تصميم البرنامج التدريبي مجموعة من العمليات الفرعية هي :-

- صياغة أهداف البرنامج التدريبي.

- تحديد مفردات البرنامج التدريبي.

- تهيئة مواد البرنامج التدريبي.

- اختيار أساليب التدريب المناسبة.

- مكان البرنامج وزمانه.

- اختيار المدربين.

ب- **تنفيذ البرنامج التدريبي وإدارته** : بعد أن يصمم البرنامج، يصبح جاهزاً للتنفيذ. ويأتي دور إدارة البرنامج للقيام بسلسلة من الفعاليات تهدف إلى توفير المستلزمات اللازمة لتهيئة الموقف التدريبي الذي يمكن من خلاله تحقيق الأهداف المرسومة وتتمثل هذه الفعاليات في مراجعة التقارير النهائية للبرامج المماثلة بهدف تطوير البرنامج الحالي , وتحديد مكان تنفيذ البرنامج. وتتم هذه الإجراءات قبل التنفيذ. أما في أثناء التنفيذ فتتم متابعة دوام المشاركين وتهيئة مستلزمات البرنامج من قاعات دراسية، وزيارات ميدانية،وتقويم يومي ونهائي. وبعد تنفيذ البرنامج عادة تجري تسويات حسابية وإعداد التقرير النهائي للبرنامج.

3- الفعاليات التقويمية :

يعرف التقويم عادة بأنه عملية تحيد فاعلية البرنامج التدريبي بهدف تحسين البرامج القادمة وتطويرها. والتقويم بهذا، يعد فعالية أساسية من فعاليات العملية التدريبية. إذ من خلالها تقاس كفاية البرامج التدريبية ومدى نجاحها في تحقيق أهدافها المرسومة.

أ-   <u>أهداف التقويم</u>: يمكن إجمال أهداف التقويم بالأمور الآتية:-

-    تفيد في تحديد أهداف التدريب.

-    تساعد في تشخيص صعوبات التدريب.

- توفر المعلومات التي يمكن في ضوئها إجراء التعديل أو الحذف أو الإضافة في البرامج التدريبية.

- تساعد في تحديد مدى نجاح البرنامج في تحقيق أهدافه.

- توضح مدى فعالية الطرق والأساليب التدريبية المستخدمة .

- تبين مدى نجاح المدربين وإدارة التدريب في أنجاز مهماتهم المطلوبة.

ب – **مستويات التقويم :** يرى العديد من الباحثين أن هناك أربعة مستويات يمكن أن يتم فيها التقويم هي :-

- **ردود الفعل عند المتدربين:** ويقصد بذلك انطباعات المتدربين تجاه البرنامج التدريبي. ويمكن أن يتم ذلك من خلال استبيان يعد لهذا الغرض.

- **ما تعلمه المتدربون:** أي قياس ما حصل عليه المتدربون من مبادئ وحقائق ومعلومات. ويمكن أن يتم ذلك بواسطة اختبارات تحصيلية خاصة.

- **التغيير في سلوك المتدربين:** أي تعرف الأثر الذي يحدثه البرنامج التدريبي في سلوك المتدربين في أثناء العمل. ويمكن أن يتم ذلك من خلال جمع معلومات عن أداء المتدرب قبل التدريب وبعده. أو بواسطة استخدام تصميم تجريبي يعتمد المقارنة بين سلوك مجموعة تعرضت للتدريب ومجموعة ضابطة.

- **نتائج التدريب:** ويقصد بها تأثير التدريب الذي حصل عليه المتدرب في أداء المنظمة التي يعمل فيها.

طرق التدريب:

إن هناك طرق متعددة يمكن استخدامها في تدريب وتنمية العاملين في كافة المستويات أهمها:-

1- **طريقة تحليل الإدارة**: وهي الحصر والتحليل المنظم لأفراد الإدارة بالمنظمة، من عاملين وإداريين. بما في ذلك دراسة قدراتهم واحتياجاتهم التدريبية والشخصية.

2- **طريقة الخبرة الإرشادية**: ويقصد بها التدريب في مكان العمل. إذ يتولى الرؤساء تدريب وتنمية مرؤوسيهم لاستيعاب طرق العمل .

3- **طريقة الاجتماعات**: وهي من أقدم الطرق. وتستهدف تبادل الآراء وتشجيع المشاركة الديمقراطية وهي وسيلة لحل المشكلات أكثر منها وسيلة للتدريب.

4- **التمرين على العمل**: وهي الحركة المخططة لنقل الأفراد من وظيفة لأخرى بهدف توسيع دائرة معارفهم وخبراتهم و تنويعها.

5- **الإدارة المتعددة**: ويقصد بها إدارة المنظمة من خلال جماعات منظمة بطريقة رسمية بدلاً من الاعتماد على عدد قليل من أفراد الإدارة ومثل هذه الجماعات قد توجد بشكل مجالس.

6- **تدريب الحساسية**: ويستهدف تغيير اتجاهات الأفراد ووضعهم في مواقف تتيح لهم ملاحظة أخطائهم.

الفصل العاشر

الرضا عن العمل

الفصل العاشر

الرضا عن العمل

العمل من الناحية النفسية نشاط تلقائي أو مكتسب ، ذهني أو جسمي. ويطلق على ما يحدثه الفاعل نفسه دون تأثير خارجي ، وعمل ما يحدثه هو في غيره كالتأليف - عمل فكري - أو التوجيه والقيادة - عمل إداري - إن من أخطر القضايا المتعلقة بالعمل ، قضية اعتباره سلعة ، وليس وظيفة إنسانية هي - في الحقيقة - سبب وجود الإنسان . ويقصد بمصطلح العمل: مختلف النشاطات التي يزاولها الإنسان بقصد الإنتاج. فعن طريق العلم يتمكن الإنسان من تغير الموارد الطبيعية وتكيفها وفقا لما يستشعر من حاجات ولكن يتم ذلك عن طريق العمل. فالإنسان ينمي ويطور قدراته على أداء مختلف العمليات.

واليوم نشاهد تغيرات سريعة في الطريقة التي يتم بها العمل. فقد انخفض العمل الشاق الصعب إلى درجة أنه لم يكن مطلوبا مادامت الآلات هي التي استحوذت على العديد من مهام الإنتاج.

إن من المسلم به أن لرضا الأفراد العمال عن العمل أهمية كبيرة. وتعد مسألة الرضا الوظيفي من أكثر الموضوعات التي يتطرق لها علم النفس الإداري بالبحث والاستقصاء ، فقد جاء التركيز على دراسة الرضا الوظيفي للعاملين في أي تنظيم من الافتراض القائل بأن الشخص الراضي عن عمله أكثر إنتاجية من زميله غير الراضي عن عمله .

وقد دلت نتائج الكثير من الدراسات والبحوث، إن الذين ينخفض   مستوى رضاهم المهني يعانون من مشاعر النقص والحيرة وعدم الرضا عن الذات، وقد يقودهم ذلك إلى تعاطي المسكرات أو المخدرات والإدمان عليها ، وينسحبون من المجتمع هرباً مما يعانيه الفرد من التوترات النفسية أو قد يمارس بعض أساليب العدوان الموجهة نحو الذات أو الآخرين . بينما تساعد المهنة أو العمل المناسب على تحقيق أهداف حياته وتحقيق تكامل الشخصية واتزانها من خلال ما تساعده به امكاناته المهنية وبين تلك الأهداف التي تتناسب مع قدراته الفعلية.

لقد ظهرت دراسات (كروكيت وبراغفليد) التي أجرياها في مركز بحوث جامعة مشيغان عام 1950 ،إن إشباع حاجات الأفراد قد يرفع معنوياتهم إلا أنه لايعني بالضرورة ارتفاع كفايتهم الإنتاجية. كما قام باحثو ذلك المركز بإجراء دراسات عديدة استهدفت تحديد العوامل التي تؤثر في الرضا الوظيفي ، لقد أجرى الباحثون مقابلات لأعداد كبيرة من موظفي شركات التأمين استنتجوا من خلالها إن الرضا المهني أو الوظيفي يرتبط ويتأثر بأربعة عوامل هي :-

أ-   مدى اعتزاز العاملين وفخرهم بانتمائهم إلى المؤسسات التي يعملون بها.

ب- طبيعة المهمات المتضمنة في الوظائف التي يقوم بها العاملون أو يشغلونها.

ج- السياسة الإدارية المالية التي تنتهجها الشركات والمؤسسات.

د- الرواتب والأجور والترقيات والإنجازات وما تحققه من إشباعات للحاجات الاجتماعية للعاملين .

فوائد الرضا الوظيفي :

يمكن تحديد فوائد الرضا الوظيفي بمجموعتين هما :-

أ‌- الفوائد السلوكية الاجتماعية. Behavior and advantages

1- القضاء على الخسارة الاجتماعية التي تحدث خارج المؤسسة عندما تضطرب علاقات الأفراد العاملين مع أسرهم وأصدقائهم بسبب عدم رضاهم عن وظائفهم الحالية لأنها لا تتفق مع قدراتهم ورغباتهم وشعورهم بالإحباط. ومن ثم صورة المنظمة في مجتمعها المحيط سيعتريها التشويه وتفقد إشراقها .

2- زيادة الولاء التنظيمي بحيث يجعل الأفراد العاملين يكرسون كل طاقاتهم لما يفعلون. وأن نشاطهم وإخلاصهم غالبا ما يكون على حساب اهتماماتهم الأخرى. وأنهم ينظروا لمشاكل المنظمة على أنها مشكلات شخصية لهم .

3- تقليل ظاهرة التغيب وتخفيف معدل دوران العمل في المنظمة. وهذا سيؤدي إلى إبعاد المنظمة عن الخسائر المادية والمعنوية الناجمة عن نتائج الظاهرتين المذكورتين .

4- زيادة الاستقرار التنظيمي ، لان توفير الرضا عن العمل يزيد من ممارسة الرقابة الذاتية للأفراد على أنفسهم وأعمالهم، مما ينقص الدور المتزايد الذي يمارسه الرؤساء في الإشراف على مرؤوسيهم .

5- تحفيز السلوك الإبداعي هو حصيلة رضا الفرد والناتج من أداء وظائف ذات معنى وأعمال خلاقة هادفة فكلما تمكنت المنظمة من زيادة رضا العاملين من خلال أعادة تصميم الأعمال من خلال اعتماد الفروق الفردية

لتكييف العمل ليتناسب مع قدرات ومهارات وخبرات الفرد الذي يؤديه كلما حققت تحفيز السلوك الإبداعي ليتناسب مع قدرات أحداثة

ب- الفوائد المادية والاقتصادية.

Physical and Economic advantage

وتتمثل بتقليل التكاليف المتعلقة بالغياب ، تلك التكاليف التي تصل إلى مبالغ كبيرة جدا في بعض الأحيان إذا أثبتت الدراسات الميدانية أن المنظمة التي يعمل فيها (1000) عامل فأن زيادة نسبة الغياب فيها إلى (1%) فقط ستؤدي إلى لارتفاع التكاليف إلى (150000) دولار خلال السنة ، ولا تقتصر آثار الغياب على ذلك بل تتعداه إلى تعطيل المكائن والآلات .

نظريات الرضا عن العمل

إن النظريات التي تناولت الرضا عن العمل قد استندت في معظمها على نظرية تدرج الحاجات في الدافعية (لابراهام ماسلو ، 1943) حيث يلتقى مع فلسفتها الكثير من الباحثين في ميدان الدراسات السلوكية ، وفيما يأتي عرض موجز لأهمها :-

1- **نظرية ماسلو :**

لقد رتب ماسلو حاجات الفرد حسب أهميتها في تحفيزه للعمل بغية إشباعها فأعطى لإشباع المستوى الأدنى الأولوية والأهمية قبل غيرة لكونها حسب رأيه تتحكم بسلوكه أكثر من غيرها، وإذا ما شبعت هذه الحاجات يتوجه الإنسان نحو إشباع المستوى الآخر لها ... وهكذا .

وقسم هذه الحاجات ابتداء من الحاجات الفسيولوجية في قاعدة الهرم وانتهاء بالحاجة إلى تحقيق الذات في قيمته ، ويرى إن الإنسان ينتقل إلى كل حاجة بعد إشباع الحاجة السابقة حتى يصل إلى القمة وفي بيئة العمل يتفق من خلال تلك الإشباعات الرضا عن العمل . والشكل الآتي يوضح التنظيم الهرمي للحاجات الذي وضعه أبراهام ماسلو:

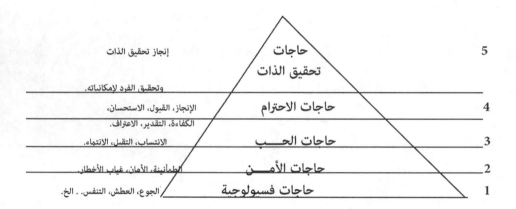

5	حاجات تحقيق الذات	إنجاز تحقيق الذات وتحقيق الفرد لإمكاناته.
4	حاجات الاحترام	الإنجاز، القبول، الاستحسان، الكفاءة، التقدير، الاعتراف.
3	حاجات الحـب	الانتساب، التقبل، الانتماء.
2	حاجات الأمـن	الطمأنينة، الأمان، غياب الأخطار.
1	حاجات فسيولوجية	الجوع، العطش، التنفس. . الخ.

(دافيدوف، 1983: ص[441])

أ- الحاجات الفسيولوجية :

وتتضمن الحاجات التي لا يمكن للإنسان الاستمرار في الحياة بدونها، كما تعد من أكثر الحاجات الإنسانية إلحاحا وقوة إلى الإشباع. أي أنها تحتل المرتبة الأولى في سلم الحاجات، ويمكن حصر أبرز هذه الحاجات بالحاجة إلى الطعام والماء والهواء والسكن والملبس. فالإنسان وفق ما ذكره ماسلو عندما يواجه تهديدا بخطر

الحرمان من إشباع حاجاته الفسيولوجية فأن يضطر إلى قبول أعمال أو وظائف خطرة، أو ذات مكانه اجتماعية متدنية سعيا لإشباع تلك الحاجات التي عجز عن إشباعها قبل اشتغاله بتلك الوظيفة ، أو العمل ، ولهذا نجد أن العاملين أو الموظفين يتوقفون عن العمل، أو يهملون واجباتهم عندما تكون أجورهم غير كافية لسد احتياجاتهم الأساسية. فإذا ما حل كساد في بلد ما وفقد الإنسان عمله وابتدأ يجتر مدخراته ، فإن الحاجات الفسيولوجية تصبح هي المهيمنة، وسوف ينسى الإنسان كل ما يتعلق بدافع الاحترام أو تحقيق الذات .

إن ماسلو يعتقد بان الانتقال إلى المستوى الثاني من الحاجات يتطلب تحقيق إشباع تصل نسبته إلى (85%) من الحاجات الفسيولوجية ، إلا أن الطريقة التي يتحقق بها الإشباع، يجب أن تخضع إلى ما يفرضه المجتمع من قيود وضوابط، وبعكسها فإن علاقات الفرد تتعرض للاضطرابات ويختل توافقه النفسي والاجتماعي.

ب. الحاجة إلى الأمان :

وتتضمن شعور الفرد بالطمأنينة والأمان، وان يكون بمأمن من الأخطار المحيطة به. ولا يقتصر هذا الشعور على الكيان المادي للفرد أنما يتضمن الأمن النفسي والمعنوي أيضا. فاستقرار الفرد في عمله وانتظام دخله وتأمين مستقبله، كلها عوامل أمن نفسي للفرد .

فالفرد الذي يتمتع بنفسية جيدة يفضل البقاء في العمل الذي اطمأن له، على الانتقال إلى عمل جديد لم تكن لديه معلومات كافية عنه ، وهو يفضل العمل الذي اطمأن عليه وأشعره بالأمان على الرغم من الأجور الواطئة التي يحصل عليها منه، يفضله على العمل الذي يكسب دخلا أفضل رغم قلة أجوره. وقد أشار بعض الباحثين

بأن الانتقال إلى المستوى الثالث من الحاجات، يتطلب حاله إشباع لحاجة الأمان تصل إلى نسبة (70%).

ج- الحاجة إلى الحب والانتماء :

تتمثل في الحاجة إلى الحب والعطف والعناية والاهتمام. وتعد هذه الحاجة من أهم الحاجات اللازمة لصحة الفرد النفسية. وعند إخفاقه في إشباعها فأنه سيتعرض إلى سوء التكيف، أو عدم التوافق النفسي لذلك يفضل اختيار العمل مع مجموعة متجانسة، ليشعر الفرد بانتمائه لها، ويشبع حاجته إلى الحب والانتماء عن طريق علاقته بها .

إن عجز الإنسان عن حب الآخرين، أو الحصول على محبتهم يعد سبباً رئيساً لسوء التكيف، ويؤثر على سوء التوافق النفسي والمهني للأفراد وتدهور الصحة النفسية، وبهذا فإن وجود الفرد أو التحاقه بمهنة أو عمل ما، فإن ذلك يتيح له فرصة للتعبير عن الحاجة إلى الحب، والشعور بالحب من قبل الآخرين، حيث تصبح هذه الحاجة وسيلة يستدل بها على درجة رضا الفرد عن عمله، كما إن ما يتصف به الفرد العامل من علاقات طيبة مع الآخرين يكشف درجة رضاه عن عمله في المؤسسة بصورة عامة وعن العاملين فيها بصورة خاصة.

إن الفرد سيكون مهيئا للانتقال إلى المستوى الرابع بعد تحقيق إشباع تصل نسبته (50%) من الحاجة إلى الحب والانتماء.

د- الحاجة إلى الاحترام والتقدير:

ترتبط هذه الحاجة بإقامة علاقات متطابقة مع الذات ومع الآخرين. كما تتمثل في أن يكون الفرد متمتعا بالتقبل والتقدير الشخصي، ويحظى باحترام الذات، وأن يتجنب الرفض والنبذ.

إن إشباع هذه الحاجة يجعل الفرد يشعر بالثقة بقوته وقيمته وبكفاءته. كما يشعر بأنه أكثر قدرة وأكثر إنتاجاً في كل مجالات الحياة. في حين يؤدي النقص في إشباعها إلى نقص الثقة لديه وعدم القدرة على مواجهة المشكلات.

ينبغي أن يتحقق إشباع لهذا المستوى من الحاجة تصل نسبته (40%) تقريبا قبل انتقال الفرد إلى المستوى الأعلى في هرم الحاجات.

هـ- الحاجة إلى تحقيق الذات:

ترتبط هذه الحاجة بالتحصيل والانجاز والتعبير عن الذات والقيام بأفعال مفيدة ذات قيمة للآخرين، والقدرة على العطاء والمبادرة. وهناك شروط ومتطلبات أساسية لتحقيق الذات ، منها التحرر من التقيدات التي تفرضها الثقافة أو الفرد على نفسه، وأن لا يعطى اهتماماً كبيراً للطعام والأمن ، وأن يكون مطمئناً لذاته، وعائلته، وللمجتمع الذي يعيش فيه. وأن يَحِب و يُحَب من قبل الآخرين، وأن يعرف الفرد نقاط القوة والضعف فيه، عيوبه ومهاراته وقدراته.

و تعني هذه الحاجة أن الفرد يرغب في تحقيق ما في مخيلته، وما يتمناه لنفسه من خلال أداء العمل الذي يتوافق مع قدراته ومؤهلاته وميوله واتجاهاته واستعداداته. فالفرد يرغب في تأدية الأعمال التي يحبها والتي تحقق ذاته، وترضي رغباته وطموحاته وإبداعه ، وتعد هذه الحاجة أعلى الحاجات الإنسانية التي يسعى

الفرد إلى أتباعها ، ويعتقد ماسلو أن الذين يدركون هذه الحاجة وينجزون متطلباتها ويحققون ذاتهم يشكلون نسبة (1%) من السكان .

2. نظرية Y-X دوكلاس ماكريكر :

تعد نظرية (ماكريكر) في فلسفة الإدارة تحليلاً مقارناً بين مدارس الاتجاه التقليدي وبين مدارس الاتجاه السلوكي في موقفها من كيفية فهم العلاقة بين الفرد والمنظمة ، فقد وضع (ماكريكور) أنماطاً مثاليةً حول مفهوم الإنسان وسلوكه، وكيف يتم تحريك هذا السلوك، إذ وصف أحدهما بالافتراضات التي تقوم عليها نظرية (X)، والآخر بالافتراضات التي تقوم عليها نظرية (Y) .

نظرية (X)

تقوم هذه النظرية على عدد من الافتراضات ومحددات السلوك الإنساني وهي: إن الإنسان:-

أ. سلبي ولا يحب العمل.

ب. لا يريد تحمل المسؤولية في العمل

ج. يفضل أن يكون تابعاً، ويفضل دائماً أن يجد شخصا يقوده.

نظرية (Y)

إلى جانب أيمان هذه النظرية، بدوافع العمل وحاجات العاملين. فإنها تحاول تقديم فروض أخرى لتفسير بعض مظاهر السلوك الإنساني، وهي :-

أ-   إن الأفراد لديهم القدرة الطبيعية على تحمل المسؤولية ومواجهة التحديات.

ب- إن المسؤولية مغروسة في جوهر العاملين .

ج- تنظر للعاملين على طبيعتهم كبشر وأنهم لم يخلقوا ضد أمال وأهداف الإدارة.

د- إن الإنسان يطلب أن يكون قائدا وليس تابعا ، كما يسعى إلى تحقيق الذات .

هـ- شجبت الأساليب الاستبدادية في القيادة مادامت لا تتفق والطبيعة البشرية.

3- نظرية العوامل الوقائية الدافعية :

وفقا لنظرية ماسلو عن تدرج الحاجات حاول هرزبرج (Herzberg) إيجاد تفسير لعملية الرضا عن العمل بعد أن قام بدراسة لمجموعة من المهندسين والمحاسبين في الولايات المتحدة الأمريكية . محاولاً فهم شعورهم حول الأعمال التي يؤدونها وبدرجة رضاهم أو الدافعية لذلك.

وقد توصلت تلك الدراسة إلى أن العوامل التي تخلق لدى الفرد شعورا بالرضا العالي عن الوظيفة   أو العمل ، تسمى بالعوامل الدافعة وتضم : الاعتراف والتقدير والانجاز ، والترقية وأدراك الفرد لقيمة عمله، وتحكم الشخص في وظيفته وإمكانية التقدم فيها وإتاحة فرصة النمو. إذ يؤدي إشباع هذه الحاجات إلى درجة عالية من الرضا عن العمل وزيادة الإنتاج .

أما العوامل الوقائية فهي لا تتعلق بنوعية العمل نفسه، بل بالظروف المحيطة به. فلا تعني أنها دوافع إيجابية للعمل، أو أنها ستخلق فرصا للتطور أو النمو الشخصي، وتتمثل في سياسة المؤسسة وإدارتها ونمط الإشراف والعلاقات المتبادلة مع زملاء العمل والعلاقات مع الرؤساء ، والأجور وظروف العمل والمراكز الاجتماعية والأمن الوظيفي.

4- نظرية التوقع :

أكد فروم (Vroom) على أن استمرارية الأداء وفعالية الدافع تعتمد على قناعة العامل ورضاه عن عمله، وهما محصلة إدراكه بمدى العلاقة بين المكافئة التي يحصل عليها وبين ما يعتقد أنه يستحقه.

5- نظرية المساواة:

وتتضمن هذه النظرية عنصرا اجتماعيا أي أن الفرد يقارن بين مدخلاته ونتائجه مع تلك التي يلاحظها لدى الآخرين. وقد بين (آدمز Adams) أن العلاقة بين المنظمة والأفراد العاملين علاقة متبادلة يعطي فيها العاملون مجموع من المدخلات. وتتضمن مثلا: المستوى التعليمي للفرد وخبراته وقدراته، والجهد الذي يبذله في العمل.

ويحصل من المنظمة مقابل هذه المدخلات على فوائد أو نتائج أو مخرجات تتضمن الأمر أو التقدير أو المكانة الاجتماعية. وهنا يقارن الفرد بين معدل عوائده إلى مدخلاته مع عوائد الآخرين إلى مدخلاتهم.

ومن خلال هذا إذا تحقق التوازن فأن ذلك يؤدي إلى حالة من الشعور بالرضا لدى الفرد ، وإذا لم يتحقق التساوي بين المعدلين فأن الفرد يشعر باختلال في التوازن ، وتنتج حالة من حالات الاستياء .

محددات الرضا عن العمل:

يرتبط موضوع الرضا عن العمل بثنائية البيئة والفرد وقد أجمل بعض الباحثين محددات الرضا عن العمل إلى :-

1- **عوامل ذاتية** :- تتعلق بالإفراد العاملين أنفسهم وتشمل قدرات ومهارات العاملين في ضوء العمر والجنس والحالة التعليمية ومدة الخدمة والعمل السابق، وكذلك بمستوى الدافعية وقوة تأثير دوافع العمل لديهم. وبتفاعل هذه العوامل يحصل الرضا الوظيفي لديهم .

2- **عوامل تنظيمية**: وتتمثل بالرضا عن:-

أ- الوظيفة وما تنتجه من إشباعات وما تعكسه من تنوع واستغلال ومسؤولية .

ب- نظم وأساليب وإجراءات العمل .

ج- العلاقة بالرؤساء والزملاء .

د- ظروف وشروط العمل .

3- عوامل بيئية :-

وترتبط بالبيئة وتأثيرها النظمي على العملين ومنها : الانتماء الاجتماعي وقدرة العامل على التكيف مع عمله ، واندماجه فيه. وكذلك الانتماءات الديموغرافية لبعض العاملين (إلى الريف أو المدينة) حيث إن تقارب الإطار البيئي والثقافي للعاملين وظروف نشأتهم لها أثر على التجاوب السلوكي والعاطفي لهم تجاه العمل. كما إن تقدير المجتمع ونظرته وما يسود المجتمع ونظمه من القيم ، ذلك كله يعكس تأثيره الايجابي أو السلبي على اندماج العاملين وتكاملهم مع العمل.

قياس الرضا عن العمل:-

هناك نوعين من أساليب قياس الرضا عن العمل، توفر معلومات في التعرف على أثر جوانب العمل وبرامجه المختلفة على مشاعر العاملين هما:-

1. قياس الرضا من خلال الآثار السلوكية. مثل الغياب وترك الخدمة، ويغلب عليها طابع الموضوعية حيث تستخدم وحدات قياس موضوعية لرصد السلوك فيه.

2. المقاييس التي تقوم على تصميم قائمة تتضمن أسئلة توجه إلى الأفراد العاملين بالمنظمة للحصول على تقدير من جانب الأفراد عن درجة رضاهم الوظيفي عن العمل.

1- المقاييس الموضوعية:

أ- الغياب: تعد درجة انتظام الفرد في عمله أو بعبارة أخرى بنسبة أو معدل غيابه مؤشرا يمكن استخدامه للتعرف على درجة الرضا العام للفرد عن عمله.

فالفرد الراضي عن عمله يكون أكثر ارتباطاً بهذا العمل وأكثر حرصا على الحضور إلى عمله من أخر ليشعر بالاستياء تجاه عمله ذلك ما عدا حالات الغياب بسبب ظروف طارئة.

وهناك طرق عديدة لقياس معدل الغياب من أهمها الطريقة الآتية:-

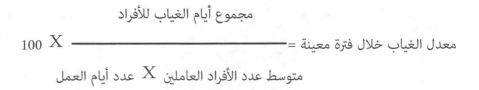

معدل الغياب خلال فترة معينة = $\dfrac{\text{مجموع أيام الغياب للأفراد}}{\text{متوسط عدد الأفراد العاملين } X \text{ عدد أيام العمل}} \times 100$

ويحسب مجموع أيام الغياب للأفراد بجمع أيام الغياب لجميع الأفراد العاملين. أما متوسط عدد الأفراد العاملين فيمكن الحصول عليه بأخذ متوسط عدد العاملين في أول الفترة وعدد العاملين في آخر الفترة ويمثل عدد أيام العمل الفعلية.

ب. **ترك الخدمة**:- يمكن استخدام حالات ترك الخدمة التي تتم بمبادرة الفرد (استقالته) كمؤشر لدرجة الرضا العام عن العمل. فلا شك أن بقاء الفرد في وظيفة يعتبر مؤشرا لارتباطه بها وولائه لها. أي: رضاه عن العمل،

ويحسب معدل ترك الخدمة على أساس عدد حالات ترك الخدمة الاختياري مقسوما على أجمالي عدد العاملين في منتصف الفترة التي يحسب بها المعدل كالآتي:-

معدل ترك الخدمة خلال فترة معينة = $\dfrac{\text{عدد حالات ترك الخدمة خلال الفترة}}{\text{إجمالي عدد العاملين في منتصف الفترة}} \times 100$

2- المقاييس الذاتية :-

أ- **تقسيم الحاجات :** في هذه الطريقة تصمم الأسئلة التي تحتويها قائمة الاستقصاء بحيث تتبع تقسيماً عاماً للحاجات الإنسانية، كالذي أقترحه (ماسلو). ويمكن الحصول على معلومات من الفرد عن مدى ما ينتجه العمل من إشباع لمجموع الحاجات المختلفة لديه .

ب- **تقسيم الحوافز:** وفي هذه الطريقة تصمم الأسئلة التي تحتويها القائمة بحيث تتبع تقسيما للحوافز التي ينتجها العمل والتي تعد من العوامل المؤشرة على الرضا مثل: الأجر، ظروف العمل، الإشراف، فرص الترقية، ساعات العمل، جماعة العمل.

الفصل الحادي عشر

إدارة العاملين ومشكلات العمل

الفصل الحادي عشر
إدارة العاملين ومشكلات العمل

مفهوم الإدارة وأهمية دراستها :

لقد وجدت الإدارة منذ وجود الإنسان على الأرض فتنظيمه لحياته نوع من أنواع الإدارة وتنظيم المرآة لمنزلها وإشرافها على تربية أبناءها لون من ألوان الإدارة ولكنها تختلف اليوم عما كانت علية في الماضي فقد كانت بسيطة ومحدودة بينما اليوم معقدة لتعقد العمل واختلاف طبيعته من منظمة إلى أخرى ومن مجال عمل إلى أخر حسب حجم المنظمة أو المؤسسة وعدد العاملين فيها ونوعياتهم وتخصصاتهم إن الأصل اللاتيني لكلمة الإدارة (Administration) يعني (الخدمة) على أساس إن من يعمل بالإدارة يقوم على خدمة الآخرين أو يصل عن طريق الإدارة إلى أداء خدمة ما عن طريق جهاز معين ويمكن إيجاز أهم التعريفات للإدارة فيما يأتي:-

- فقد عرفها (فرد ريك تايلر) بأنها : (المعرفة الصحيحة لما يراد من الأفراد أن يؤدوه ثم التأكد من أنهم يؤدونه بأحسن وارخص طريقة).

- وعرفها (هنري فايول) بأنها : (القيام بمجموعة من الأعمال التي تتضمن التنبؤ والتخطيط والتنظيم وإصدار الأوامر والتنسيق والرقابة).

- وعرفها (دونالد) بأنها : (فن قيادة وتوجيه أنشطة جماعة من الناس نحو تحقيق هدف مشترك).

- وعرفتها (هيلين بيفرز) بأنها : (عملية يمكن بها تحديد أهداف المنظمة ورسم الخطط الكفيلة بحقيق تلك الأهداف والعمل على تنفيذ تلك الخطط).

إن العمليات الإدارية هي مفتاح للعناصر لعلاقات رجل الأعمال وهي تتزايد وتنمو بشكل معقد بنسب مباشرة مع نمو المنظمات الصناعية.

يتفق الكثير من علماء الإدارة والممارسين لها على إن المضمون الحقيقي للعملية الإدارية هو محاولة تحقيق أهداف إنتاجية أو سياسية أو اجتماعية أو ثقافية محددة باستخدام موارد معينة وذلك في أطار ظروف موضوعية قائمة أو محتملة ووفق هذا الفهم لطبيعة العمل الإداري تنظم أهمية العامل البشري فلقد اتجهت اهتمامات الإدارة نحو استجلاء أسرار السلوك الإنساني والتعرف على العوامل المؤثرة فيه وذلك لاكتساب خبرة أكبر ودراية أعمق بذلك العنصر الحيوي الذي تتوقف عليه كفاءة العمل الإداري .

لقد بدا في دراسة السلوك الإداري بحركة الإدارة العلمية آذ انتشرت أفكار في فلسفة الإدارة العلمية بأنها الإدارة الرشيدة حيث انكرت العوامل السلوكية وافترضت إن الفرد يخضع ويعمل وفقا لحسابات دقيقة دون الالتفات إلى دوافعه ورغباته وإدراكه ومقومات شخصيته ، وكرد فعل لفشل حركة الإدارة العلمية في بيان الأهمية السلوكية في العمل فقد نشطت حركة العلاقات الإنسانية لتركيز أهمية المفاهيم الاجتماعية والنفسية في العمل وإبراز مدى تفاعل العوامل السيكولوجية والاجتماعية في تحديد سلوك الفرد .

إن اهتمامات علم النفس في الإدارة تنحصر بتناول مشاكل الأفراد تارة أفراد أو أخـرى جماعات ، فالأفراد ليسو آلات جامدة أو مخلوقات متماثلة تتعلم وتفكر على نحو متماثـل أو على النحو الذي تريده الإدارة لحل مشاكلها بطريقة رتبية ، كما أن المشاعر التي يخلفها جو العمل تؤثر في اتجاه الأفراد بعضهم نحو بعض وبالتالي في طرق إشباعهم لحاجـاتهم وتـأثير بعضهم في سلوك بعض بمقدار ما هنالك من تفاوت في طبيعة استمرار العلاقات وفي معرفـة الخصائص المؤثرة على الجماعة ضماناً لحسن استخدام السلطة وتبادل المسؤولية ومشاكل التوجيه ومشاكل اتخاذ القرارات .

طبيعة الإدارة :

كثر الجدل حول طبيعة الإدارة فهل هي فن أم مهنة ؟.

فرجل الإدارة في ممارسته لوظائفه وفي سلوكه الإداري هل يعتمد على أسس عامة ؟ أم يصدر عن مهارة شخصية تعتمد خبرته وشخصيته ؟ أم أن الإدارة هي مهنة حالها حال المهن الأخرى ؟ . ويمكن القول أن ألوان النشاط التي تعد فنا يتركز الاهـتمام فيها حـول المهارة وحسـن التصرف في تطبيق المعارف والمعلومات. ومن هذه الناحية نجد أن هناك جانـب الفـن في الإدارة.

ويرى كـل مـن ((هالبين)) و ((كـولا دارسي)) و((جتريلـز)) أن الإدارة ما هـي إلا ميدان من ميادين العلوم التطبيقية تطبق فيه الأساليب العلمية ، ويوضح ((جريفيث)) ذلك بقوله: ((إن الإداري، أو من مارس عملية الإدارة يطبق الأسس العلمية بطريقـة نفسها التـي يتبعها كل من المهندس أو الطبيب في عمله)) وقد ساعد هذا الاتجاه إلى استقطاب الجهـود نحو وضع نظرية للإدارة بعدها المدخل الرئيس لعلم الإدارة .

ويمكن أن نلمس عددا من الخصائص المهنية في الإدارة، إلا أن هنالك صعوبة في اتباع ميدان الإدارة وتشعبه مما يحول دون تحقيق التجانس المهني حتى في داخل الميدان الواحد من ميادين الإدارة.

ومما سبق يتضح لنا أن ألإدارة (فن وعلم ومهنة) معا لأنها تستند إلى قواعد علمية وقابليات فردية وخبرات علمية. فرجل الإدارة بحاجة إلى موهبة أدارية يصقلها بخبرته وممارسته التي تقوم على أسس علمية تحكم علاقته مع العاملين معه وتوجيه جهودهم نحو العمل المشترك .

مداخل دراسة الإدارة :

هنالك ثلاثة مداخل رئيسة لدراسة الإدارة، والكيفية التي يتم من خلالها القيام بالأنشطة الإدارية لتحقيق الأهداف المرسومة لها على النحو الأتي:-

1- دراسة الإدارة من خلال تقسيمها على قطاعين أساسيين هما:

أ- إدارة ألأعمال : وهي إدارة منشأة الأعمال وذلك بغض النظر عن طبيعة ملكية المنشأة ، فقد تكون المنشأة عاملة في القطاع العام أو الخاص أو المختلط ، آذ تبقى وظائف المدير كما هي في إدارة المنشأة بغض النظر عن طبيعة ملكيتها .

ب- الإدارة العامة: فهي إدارة دوائر الدولة وهيئاتها غير الهادفة لتحقيق المردود الاقتصادي مع اشتراط الكفاية والفعالية أيضاً.

2- دراسة إدارة الأعمال على أساس أنشطة المنشأة الأساسية منها والمساعدة. فالأنشطة الأساسية تتمثل في العمليات والإنتاج والتسويق والموارد البشرية والمالية، أما الأنشطة المساعدة فتتمثل في البحث والتطوير والعلاقات العامة

الخدمات المساعدة الأخرى في البحث والتطوير والعلاقات العامة فضلاً عن الخدمات (القانونية والمكتبية).

3- دراسة الإدارة قطاعياً سواء كانت إدارة أعمال أم إدارة عامة. فإدارة الأعمال تتضمن إدارة المنشأة العاملة في قطاعات الزراعة ، الصناعة ، التعدين، النفط، التجارة ، الصيرفة ، التأمين ، النقل والمواصلات ، السياحة والفنادق. أما الإدارة العامة فتتضمن قطاعيا إدارة دوائر التربية ، التعليم العالي والبحث العلمي ، الصحة ، الخارجية و الدفاع ، الداخلية ،الثقافة والأعلام والري

4- دراسة الإدارة من خلال وظائف المدير. وهنا تتم دراسة الإدارة على أساس الوظائف التي سيؤديها المديرون ومن ثم تصنيفها إلى إدارة أعمال أم إدارة عامة .

مستويات الإدارة:-

هنالك ثلاثة أنواع أساسية من إدارة تعمل سوية في ثلاثة مستويات هي على النحو الأتي :-

أ- **الإدارة العليا :-** وتتألف من عدد قليل من المديرين يشغلون مواقع رئيس في الإدارة، مدير عام أو رئيس المنشأة ومعاون المدير العام ، وتختص الإدارة العليا بتطوير ومراجعة الخطط طويلة الأجل وتقويم أداء التقسيمات الرئيسية وأداء المدير الأساسي والتشاور معهم بكل ما يخص المنشأة.

ب- **الإدارة الوسطى :-** وتتألف من مديري التقسيمات الأساسية في المنشأة والمسئولة عن أداء وظائفها الرئيسية (الإنتاج ، التشريع ، الموارد البشرية، والخدمات المساعدة) وتختص الإدارة الوسطى بأعداد الخطط المتوسطة

الأجل انطلاقا من الخطط طويلة الأجل التي تعدها الإدارة العليا وتقويم أداء المديرين في المستوى الأدنى ، ووضع سياسة الأقسام ومراجعة التقارير الدورية عن سير الأعمال لآجال قصيرة ومتوسطة ، وتقديم التوجيهات للمديرين والمرؤوسين في مشكلات الإنتاج والتسوية للموارد البشرية والمالية.

ج- الإدارة المباشرة أو الإشرافية :-وهي الإدارة المسؤولية عن المستويات الأدنى من تقسيمات المنشأة (الشعبة والوحدة) سواء أكانت تشمل وظيفة المدير أم مساعديه وصولا إلى أدنى مستوى في المنشأة. وتتلخص المسؤولية للإدارة المباشرة بأعداد الخطط التشغيلية المفصلة اعتمادا على الخطط متوسطة الأجل ومتابعة أداء الأفراد في مستويات الدنيا والمشرفين .

تطور الفكر الإداري :

عرفت الإدارات التي سادت قي ظل الحضارات القديمة الكثير من المبادئ الإدارية ، وسيحاول الباحث من خلال العرض الآتي التركيز على بعض من ذلك :

- الإدارة المصرية :- تدل تراجم الآثار المصرية التي تعود إلى القرن الثالث قبل الميلاد على أهمية التنظيم و الإدارة في ظل الدول البيروقراطية التي عرفها المصريون القدماء.

- الإدارة الصينية: يدل التاريخ الصيني على أن الإدارة حظيت بمكانة مهمة في ظل الحضارة الصينية التي سادت إلى ما يعود لعام 2357 ق.م.

- الإدارة اليونانية : عرفة الدولة الرومانية نظاما أداريا واسع النطاق ومتطور جدا ، وكان لها الأثر الكبير في الجهاز الحكومي.

- الإدارة العربية: شهدت الدولة العربية تنظيما إداريا رائعا ومتقدما شمل جميع أجهزة الدولة، ففي عهد الرسول محمد (صلى الله عليه وسلم) كان التنظيم الإداري يستند إلى دولة مركزية قوية ومنظمة ، واستمرت هذه الإدارة بالتطور إلى عصور متأخرة.

و بالإمكان توضيح تطور الفكر الإداري من خلال المدارس الآتية والتي اهتمت بموضوع الإدارة:

أولاً: المدرسة التقليدية (الكلاسيكية)

تتألف هذه المدرسة من ثلاث مدارس فرعية وفقا لبحوث وأراء وأفكار كل مدرسة على النحو التي :

مدرسة الإدارة العلمية :- تسمى نسبة إلى تايلر صاحب كتاب (الإدارة العلمية) التي أدت خلفيته الهندسية إلى أن ينظر إلى الإدارة من زاوية خاصة ، فالهدف الأساسي للإدارة العلمية زيادة إنتاجية العامل من خلال التحليل العلمي لعملة ويؤدي البحث التجريبي إلى اكتشاف أفضل طريقة لإنجازها ، ورأى تايلر أن الحوافز الاقتصادية وبخاصة العلاوات على الأجور الاعتيادية هي الدافع الأول للعمال الصناعيين. وقد شجع لذلك على استخدام الخبراء المتخصصين و إعطائهم سلطات فنية لرسم الطرق والوسائل المنظمة لمهمة العمال .

1- مدرسة التقسيمات الإدارية : مؤسس هذه المدرسة (هنري فايول) حيث كانت توجيهاته و أرائه منطلقة من منظار الإدارة العليا ويعود له الفضل في تطوير ثلاثة مجالات في الإدارة هي :

أ- تحديد وظائف المدير.

ب- أنشطة المنشأة .

ج- وضع مجموعة من القواعد التي يطبقها المديرون في أدائهم لتلك الوظائف:

_ التخطيط.

_ التنظيم.

_ إصدار الأوامر.

_ التنسيق.

_ الرقابة.

2- المدرسة البيروقراطية : مؤسسها عالم الاجتماع الألماني ((ماكس ويبر)) والـذي أنصـب اهتمامـه عـلى دراسـة السـلطة في المنظمـة، وقـد انبثقـت مـن تحليلـه مفهـوم البيروقراطية أي حكم المكتب ، وقد قصد بـذلك المفهـوم تلـك المنظمـة الرشيدة التي تؤدي مهماتها بكفاية عالية.

ثانيا : المدرسة الإنسانية :

وهـي المدرسـة التـي تمثـل الجسرـ بـين الإدارة التقليديـة والمعاصرة ، حيث هنالك مجموعة كبيرة ومتنوعة من النظريات أو المدارس الفكرية تبوب ضمن المدرسة الإنسانية (أو مدرسة العلاقات الإنسانية أو المدرسـة السـلوكية) ومـا تـزال هـذه المدرسـة تسترشد الإدارة بنتاجها العلمي على الرغم من التبدل الكبيرالذي تهدفه منذ أجـراء تجـارب وعمل ((هورتون)).

ثالثا : المدرسة المعاصرة (الاتجاهات)

وتوجد ضمن هذه المدرسة ثلاث نظريات هي:-

1- نظرية المنظومات المفتوحة:

وهنا ينظر في الفكر الإداري المعاصر على أن المنظمة عبارة عن منظومة تتكون من مجموعة من الأجزاء الفرعية المترابطة مع بعضها البعض لتحقيق هدف معين . والمنظمة لمنظومة تتكون من الكائنات البشرية والأحوال والمواد والمعدات . والمعلومات وغيرها . وهي وحدة اجتماعية تتكون من أفراد متفاعلين مع بعضهم البعض ،وتشترك منظمات المنظومات في أيجاد مكونات أساسية هي المدخلات والعمليات والمخرجات والتغذية الراجعة أو العكسية وكما في المخطط الأتي :-

مخطط

منظمات المنظومات

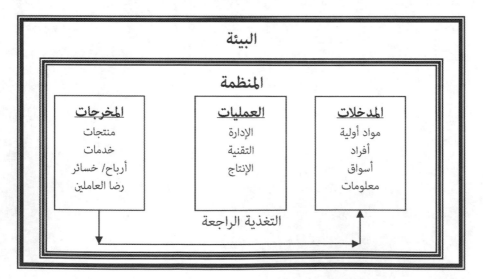

1. **الإدارة الكمية** : لقد تطور المدخل الكمي للإدارة خلال وبعد الحرب العلمية الثانية وذلك من خلال محاولة الشركات الكبيرة الإفادة من الأساليب التي استعملت في إدارة الجيوش في مجال حل المشاكل واتخاذ القرار ذلك باستعمال النماذج الرياضية والكفاءة الاقتصادية واستخدام الحاسوب وتمثل الإدارة الكمية ثلاثة اتجاهات فرعية هي :

أ-   علم الإدارة.

ب-   بحوث العمليات .

ج- نظم المعلومات الإدارية .

3- نظرية (Z) الإدارة اليابانية :-

إن رائد هذه النظرية هو (وليام أوجي) الأستاذ في جامعة كاليفورنيا ياباني الأصل استفاد من اتجاهات المدرسة الإنسانية ومن التجربة اليابانية التي تعطي أفضل صورة للعلاقة الإنسانية بين الإدارة والعاملين ، الإدارة تنظر إلى العمال بالروح الأبوية وبالمسؤولية تجاههم وتشترك معهم في اتخاذ القرار ، وأصبحت بيئة العمل اليابانية تؤلف جزء من مجريات حياة الفرد فيها.

نظريات الإدارة:

أولاً: نظرية الإدارة كعملية اتخاذ قرار:

إن اتخاذ القرارات هـو أسـاس الإدارة و قلبهـا. و في كثير مـن الأحيـان يرى المديرون أن عملية اتخاذ القرارات هي عملهم الأساسي، نظراً لأنه يجب عليهم بصفة مستمرة اختيار ماذا ينبغي عمله، و من الذي سيقوم بهذا العمل، و متى ، و أين،

وكيف. و بالتالي فإن عملية اتخاذ القرارات هي بطبيعتها عملية مستمرة و متغلغلة في الوظائف الأساسية للإدارة. فهذه الوظائف من تخطيط وتنظيم و تشكيل وتوجيه ورقابة لا يمكن أن توجد لوحدها. بل أن وجودها هو نتيجة اتخاذ قرارات.

وتظهر عملية اتخاذ القرارات أساسا لان المدير يقوم بتحديد هدفه أو أهدافه ويحاول الوصول إليها. وبدون القرارات لا يمكن للوظائف الجوهرية للإدارة أن تأخذ مكانها. كما أن عملية الإدارة بكاملها لا يمكن أن توجد ، وعلى هذا فان عملية اتخاذ القرار تنتشر في جميع المستويات الإدارية ويقوم بها كل مدير ، وتوجد في كل جزء من أجزاء المنشأة ، وتتعامل مع كل موضوع محتمل . فمثلا قي التخطيط ، تحدد القرارات العمل الذي يجب تأديته والسبل التي يتعين أتباعها لإنجاز هذا العمل . وفي التنظيم ، تحدد القرارات نوع العمل الذي يوزع على أعضاء معينين من الجماعة ، وتفويض القدر المعين من السلطة الذي يمكنهم من القيام بالعمل ، وبالنسبة للتشكيل ، فهناك القرارات التي تؤدي إلى تنمية الهيئة الإدارية واختيارها وتدريبها. وفي التوجيه ، تقوم القرارات بإقناع أعضاء الجماعة أن العمل المحدد الموضوع هو العمل المناسب لتحقيق الأهداف. ووظيفة الرقابة بما تتضمنه من مقارنات الأداء الفعلي بما هو مخطط تتم بواسطة قرارات تعتمد النتائج أو لا تعتمدها ، هذا فضلاً عن القرارات المتعلقة بالأعمال التصحيحية .

أن عملية اتخاذ القرار تعني : الاختيار القائم على أساس بعض المعايير مثل: اكتساب حصة أكبر من السوق ، تخفيض التكاليف ، توفير الوقت ، زيادة حجم الإنتاج والمبيعات . هذه المعايير عديدة لان جميع القرارات تتخذ وفي ذهن القائم بالعملية ، بعض هذه المعايير . ويتأثر اختيار البديل الأفضل إلى حد كبير بواسطة المعايير المستخدمة .

إن عملية اتخاذ القرار تنطوي على بديلين أو أكثر ، نظرا لأنه إذا لم يكن هناك إلا بديل واحد فليس هناك من قرار يتخذ. على هذا فان أساس عملية اتخاذ القرارات هو وجود بديلين أو أكثر حتى يمكن القيام بعملية الاختيار، وإذا لم يكن هناك بدائل لما كانت هناك مشكلة وذلك لعدم وجود مجال للاختيار، وبالتالي لا توجد حاجة أصلاً لاتخاذ قرار .

وتتضمن عملية اتخاذ القرار الرشيد نفس الخطوات المتبعة في عملية حل المشكلات وهي :-

1-   فهم الغرض والهدف الذي يخدمه اتخاذ القرار بشكل واضح .

2-   جمع المعلومات والآراء و الأفكار المتصلة التي يتخذ القرار بصددها .

3-   تحليل المعلومات التي تم جمعها وتفسيرها استنادا إلى المنطق السليم .

4-   التوصل إلى الاحتمالات الممكنة لما سيكون علية القرار .

5-   تقويم كل احتمال من الاحتمالات التي تم التوصل إليها في ضوء مدى فاعلية في تحقيق الهدف أو الغرض من القرار.

6-   تصل عملية اتخاذ القرار إلى قمتها بتغلب أحد الاحتمالات واختياره على أنه أنسب الاحتمالات من حيث النتائج المختلفة والمتوقعة .

وينبغي ملاحظة أنه في بعض الحالات المعينة قد تكون جميع البدائل غير مرضية ، ولكنها بالرغم من ذلك تعد الأفضل في هذه الحالة المعينة . ولتوضيح ذلك نفترض أن مديراً أمامه ثلاثة بدائل محتملة وهي :-

1- يشاهد شركته وهي تسير بسرعة نحو الإفلاس.

2- أن يعمل دون مرتب خلال السنوات الثلاث القادمة.

3- يترك خدمة هذه الشركة.

وقد يتخذ هذا المدير قراره باختيار البديل رقم (3) ، على الرغم من انه غير راض عن كل البدائل المتاحة أمامه .

والقرار قد يجلب معه لبعض وجهات النظر و الآراء المتعارضة. فكثيرا ما توجد اختلافات في الآراء ، أو وجهات النظر ، أو الأحكام ، أو الحقائق المتصلة بمشكلة ما ، وهنا يجب على المدير أن يتخذ قراراً حتى يمكن المحافظة على فاعلية الجماعة .

وعندما يتم اتخاذ القرار تبدأ مرحلة أخرى هي مرحلة وضع برنامج لتنفيذ القرار بإمكانياته المادية والبشرية مع الضمانات اللازمة لاستمرار التحسين للبرنامج، وضمان التنسيق لمطالب الظروف و الاتصال، وأخيرا تأتي مرحلة التقويم لأثر القرار المتخذ على المدى القصير والمدى البعيد مع الاهتمام بالدروس التي تمت الاستفادة منها .

ثانيا: نظرية الإدارة كعملية اجتماعية :-

لعـل أكثر النظريـات الحديثـة شـهره في الإدارة حتـى الآن هـي نظريـة   الإدارة كعملية اجتماعية وتنسب هذه النظرية إلى يعقوب جيتزلـز (J.w . qetzels) فهـو ينظـر إلى الإدارة على أنها تسلسل هرمي للعلاقات بين الرؤساء و المرؤوسين في أطار نظام اجتماعي مـن أجل تحقيق أهداف هذا النظام .

وهو يرى أن النظام الاجتماعي للمؤسسة يتكون من جانبين يؤثر كل منهما في الأخـر ، الجانب الأول هو الدور الذي تقوم به المؤسسة وتوقعات هذا الجانب (البعد التنظيمـي أو المعياري _ Nomothetik).

والجانب الثاني هـم الأفـراد العـاملين في المؤسسـة والنشـاطات التـي يقومـون بهـا و احتياجاتهم لهذا النشاط وهو ما يمثل (البعد الشخصي Idioqraphic) في النظام الاجتماعي . ويرى جيتزلز أن الـدور الـذي يقـوم بـه كـل مـن النظـام أو الأفـراد، هـي الجوانـب الحيـة الديناميكية للوظائف في المؤسسة.

ويتحدد دور كل منهم من خلال ما يسمى بتوقعات الدور (Role expectations) وهي تمثل الواجبات و المسؤوليات التي تحدد مسبقا ويلزم بها كل من يشغل هذا الدور .

وكل دور يستمد مكوناته من الأدوار الأخرى داخل النظام. فالإدارة تكاملية بمعنى أنه من خلال محصلة الأدوار جميعاً يتحقق الهدف النهائي للنظام الاجتماعي (المؤسسة).

ويرى جيتزلز وجوبا أن السلوك الاجتماعي هو حصيلة تركيب معقد لعاملي الدور والشخصية ، ولقد قام بتصوير العلاقة في الشكل الأتي :-

البعد التنظيمي أو المعياري

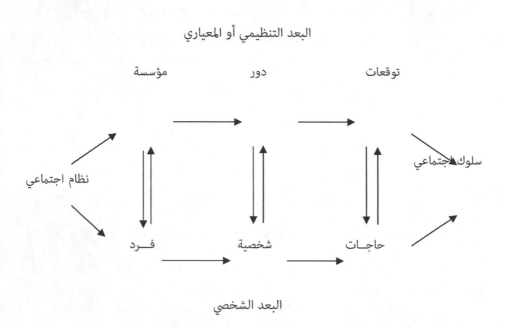

البعد الشخصي

وفي رأي جوبا (Guba) إلى رجل الإدارة يمكن أن ينظر إليه على أنه علم إدارة السلوك البشري ، وان القيمة الحقيقية لنظرية الإدارة كعملية اجتماعية تتمثل في توضيح الواجب الرئيسي لرجل الإدارة وهو القيام بدور الوسيط بين مجموعتين من القوى (القوى التنظيمية - Homothetic) و(القوى الشخصية -Idiographic) وذلك من أجل أحداث سلوك مفيد من الناحية التنظيمية وفي نفس الوقت محققاً للرضا النفسي .

وهنا ينظر جوبا (Guba) إلى رجل الإدارة على أنه يمارس قوة ديناميكية يخولها له مصدران: المركز الذي يشغله، والشخصية التي يتمتع بها.

ويحظى رجل الإدارة بحكم مركزة بالسلطة التي يخولها له هذا المركز ، وهذه السلطة يمكن أن ينظر إليها على أنها رسمية لأنها مفوضة إليه من السلطات الأعلى، أما القدرة الشخصية فهي غير رسمية ولا يمكن تفويضها ، وكل رجال الإدارة بلا استثناء يحظون بالقوة الرسمية وهي المركز ولكنهم ليسوا جميعا يحظون بقوة التأثير

الشخصية . فرجل الإدارة الذي يتمتع بالمركز أو السلطة فقط دون قوة الشخصية يكون في الواقع قد فقد نصف قوته الإدارية وينبغي على رجل الإدارة أن يتمتع بقوة السلطة وقوة الشخصية معاً وهما المصدران الرئيسيان للقوة بالنسبة لرجل الإدارة وغيرة .

أن أي تنظيم رسمي للهيكل الإداري إنما هو يخدم أهداف محددة ، هي في الواقع جزء من الإطار الاجتماعي العام ويستخدمها المجتمع لتحقيق أهدافه العامة وعلى هذا فهو ينظر إلى كل تنظيم أداري على أنه في حد ذاته جزء متفرع من المجتمع الكبير وله أجهزته المعنية بحل مشكلاته الأساسية والتي حددها (بارسونز _ T. Parsons) في النقاط الآتية :-

1- تكييف النظام الإداري للمطالب الحقيقية في البيئة الخارجية .

2- تحديد الأهداف وتجنيد كل الوسائل من أجل الوصول إلى تحقيق ذلك المطلب .

3- تحقيق التكامل في العلاقات بين أعضاء التنظيم بحيث تكفل التنسيق بينهم .

4- محافظة التنظيم على استمرار حوافزه و إطاره الثقافي .

ويميز (بارسونز) بين ثلاث مستويات وظيفية في التركيب الهرمي للتنظيمات الإدارية

-:

1. المستوى الفني : وأعضاء هذا المستوى تتعلق مهمتهم الرئيسية بأداء الواجبات و الأعمال الفنية كالمعلمين في المدارس أو المشرفين التربويين في دوائر التربية .

2. المستوى الإداري: ومهمته الأساسية هي الوساطة بين مختلف أقسام الأجهزة الإدارية وتنسيق جهودها.

3. مستوى المصلحة العامة: وهو ما يهتم بالنظام الاجتماعي الخارجي.

ثالثاَ :- نظرية الإدارة كوظائف ومكونات :-

يعد (سيرز _ Sears) من أوائل الذين درسوا العملية الإدارية دراسة واسعة ونشر كتابه المعروف باسم (The nature of administrative process) في عام 1950 حلل فيه العملية الإدارية إلى عدة وظائف هي : (التخطيط ، التنظيم، التنسيق ، الرقابة) . و الأساس الذي تقوم علية نظرية سيرز هو أن الإدارة مستمدة من طبيعة الوظائف والفعاليات التي تقوم بها ، ويشير (سيرز) إلى أنه تأثر في تفكيره بدرجة كبيرة بمن سبقوه من العاملين في الإدارة الحكومية وإدارة العمال بما فيهم (تايلر ،فايول ،جوليك ، آرويك) بل أنه أستخدم تصنيف (فايول) في نظريته هذه وقسم الإدارة لنفس العناصر الخمسة بمسمياتها عدا (التوجيه-Direction) الذي يسميه فايول (الأمر - Command).

أما نظرية ((هالبين - Halpin)) فهي تذهب إلى القول بان الإدارة سواء كانت في ميدان التربية أو في الصناعة أو الحكومة تتضمن أربعة مكونات كحد أدنى وهي:-

1- العمل Directing :- هو كيان التنظيم الإداري و بدونه ينتفني سبب وجود المنظمة .

2- المنظمة الرسمية Formal Organization :- وهي تتميز في المجتمعات الحديثة بتوصيف الوظائف وتحديدها وتفويض السلطات والمسؤوليات و أقامة نوع من التنظيم الهرمي للسلطة .

3- مجموعة الأفراد العاملين Work group :- وهم الأفراد المنوط بهم العمل قي المؤسسة .

4- القائد The leader -: وهو المنوط به توجيه المؤسسة من أجل تحقيق أهدافها.

مشكلات العمل :-

أن بيئة العمل ليست مادية فقط ، بل هي أيضا جانب حضاري إنساني فالبيئة

ليست الأبنية والمستلزمات التكنولوجية و الإضاءة والتهوية وغير ذلك بل هي أيضا المعايير

والقيم والعادات وما يمكن أن يؤثر في سلوك الإنسان ويعمل على تنميطه بصورة معينة .

وبناء علية يمكن تقسيم مشكلات العمل إلى نوعين من المشكلات :

أ-   المشكلات المتعلقة بالبيئة الفيزيقية أو المادية للعمل .

ب-   المشكلات ذات الصلة بالجانب غير المادي للبيئة (النفسية).

مع ملاحظة أن لكلا النوعين من المشكلات مضامين نفسية واجتماعية و تداخلهما

معا في كثير من الأحيان

بعض عناصر البيئة المادية وأثارها على العاملين :

1-   الإضاءة : الإضاءة ليست مسألة هندسية فقط بل هي عنصر من عناصر البيئة

تنطوي على مضامين ومعان (سايكلوجية) هامة ، فالإضاءة الجيدة مفهوم يتأثر

بنوع العمل وقدرات الإنسان و أحواله النفسية لاسيما إذا علمنا أن الكثير من

العاملين مصابون بعيوب في الإبصار يهملونها ولا يفطنون إليها.

2-   الضوضاء : سواء كانت المتقطعة أو المستمرة فهي عامل يعيق الإنتاج ويسبب الشعور

بالضيق والتوتر النفسي- وقد تؤدي إلى فقدان العامل لسمعه ، ولذلك ابتكروا

الحجرات المضادة للصوت.

3- التهوية والحرارة: لقد دلت التجارب العلمية و المصنعية أن الظروف المثلى لكل من العمل الجسمي والعمل العقلي هي (20) درجة مئوية مع درجة رطوبة (50) وان ارتفاع درجتي الحرارة والرطوبة إلى حد كبير يقلل من القدرة على بذل المجهود الجسمي.

بعض المشكلات النفسية للعاملين

1- الإجهاد: -

يعرف الإجهاد بأنه استجابة تكيفية تتوسطها الخصائص الفردية أو العمليات النفسية الناتجة من أي أو موقف أو حدث خارجي يضع متطلبات طبيعية ونفسية معينة على الفرد ، وهذه الخصائص قد تشمل متغيرات الجنس والحالة الاجتماعية والصحية و الوراثية وما إلى ذلك ، أما العمليات النفسية قد تشمل هي الأخرى عوامل أو متغيرات مثل مكونات الاتجاهات ، والقيم ، والمعتقدات ، وعدد كبير من أبعاد الشخصية من النمط السلوكي وتحمل الغموض ، ومركز التحكم، بالإضافة إلى هذا يمكن أيضا تعريف الإجهاد بأنه: مجموعة من المتغيرات الفسيولوجية والنفسية في الفرد التي تحدث بوصفها استجابة لبعض المتغيرات في البيئة .

لقد أهتم الباحثون بهذا النوع الحاد من التعب والذي يطلق عليه الإعياء أو الإجهاد الصناعي وهو نوع معقد من التعب له علامات موضوعية وأخرى ذاتية. ومن علاماته الموضوعية أن يصبح العامل الماهر كالتلميذ المبتدى الذي يصيبه الاضطراب

من جراء تآزر الحركة وسرعة العمل ودقته. هذا التفكك في حركاته، من حيث بناءها وتسلسلها. و من علاماته الذاتية شعور العامل في أول الأمر، بنقص اهتمامه بعمله، يلي ذلك حالة من الملل و الضجر. فإن حضي في نفس عمله و ظروفه زاد شعوره بالقلق و السأم وهو يكافح في المضي. فإن استمر في عمله بعد ذلك بالرغم مما أصابه لم يستطع الاحتفاظ بعمله مهما بلغت قوة إرادته و لا تقف خطورة هذا الإعياء عند حد نقص إنتاج العامل فحسب، بل في إن ذلك يهيئه لأمراض جسمية ونفسية شتى. و يعرضه لحوادث العمل بوجه عام.

وقد ظهر أن هناك عوامل كثيرة تسهم في أحداث هذا النوع من الإجهاد، حتى الظروف الفيزيقية السيئة، وسوء توزيع فترات الراحة، وقسر العامل على أداء أعمال لا تتفق مع إيقاعه الطبيعي، والإرهاق الجسمي الذي يتجمع عن الإسراف في العمل الجسمي العنيف المتواصل. إن العوامل الجوهرية الغالبة في إحداث الإجهاد عوامل نفسية تدور حول الخوف والقلق والضجر كخوف العامل من عدم استقراره.

2- الشعور بالتعب:

إن من أهداف دراسة الحركة والزمن وتحليل الأعمال المهنية خفض آثار التعب لدى العمل بالبحث عن طريق أفضل للعمل ومن أهداف تحسين الظروف الفيزيقية. فالبحث عن أنسب توزيع لفترات الراحة في أثناء العمل يؤدي الغرض نفسه والكشف عن أفضل وضعية للعامل في أثناء عمله وعن أنسب شكل وحجم لأدوات العمل ومعداته ذو صلة وثيقه بتعب العمل، كذلك التدريب الصحيح يستهدف تمكين العامل من إتقان عمله في أقصر وقت وبأقل جهد ممكن فالإنتاجية في حالتها المثلى تعني أكبر مقدار من أجود نوع في أقصر وقت وبأقل مجهود وأكثر قدر من الرضا والارتياح.

بشكل عام فالتعب حالة عامة تبدو في ثلاثة مظاهر هي النقص المتصاعد في الكفاية والإنتاجية والشعور الذاتي بالضيق والألم وأخيراً بالتغيرات الفسيولوجية المختلفة كالزيادة في سكر الدم.

إن النظرة السيكولوجية إلى التعب يجب أن تحيط بمختلف العوامل الجسمية والنفسية والاجتماعية التي تشترك في أحداثه فالإنسان وحدة جسمية نفسية اجتماعية متكاملة متضامنة فليس هناك تعب جسمي أو عضلي محض وكذلك ليس هناك تعب عقلي أو نفسي بحت. فالعمل الجسمي أو الذهني المتواصل غالباً ما يؤدي إلى شعور الفرد بالتعب وتوضح أغلب الدراسات إن لقياس التعب ثلاثة ميادين:

أ- الأحاسيس المصاحبة للعمل. (التعب الذاتي).

ب- التغيرات الجسمية. (التعب الموضوعي).

ج- النقص في الأداء. (التعب الموضوعي).

ولمعالجة التعب في العمل يمكن اللجوء إلى :

أ. إعطاء فترات راحة كافة عندما يحس العامل بالتعب فالراحة   تكاد تكون أفضل علاج يستعيد الفرد قدرته على العمل ويتخلص من الآثار الفسيولوجية والنفسية الناجمة عن التعب.

ب. تقوية دوافع الفرد للعمل ومن دوافع العمل ارتفاع الأجور و المكافآت التشجيعية.

ج. المنبهات والعقاقير كالشاي والقهوة والمشروبات الغازية.

د. تحسين الظروف الطبيعية التي يعمل بها العامل كالإضاءة ودرجة الحرارة والتهوية.

3- الملل:

إن الملل يرتبط ارتباطا وثيقا بالتعب الذي يبدو أنه يصاحب الأعمال التكرارية في الصناعة. وهو حالة نفسية تنتج من أي نشاط ينقصه الدافع، أو من الاستمرار في موقف لا يميل إليه الفرد. وتتميز هذه الحالة بضعف الاهتمام وكراهية استمرار النشاط أو الموقف. فهو حالة نفسية تنشأ من مزاولة الفرد لعمل لا يميل إليه، وبالنتيجة فإنه يحس بالملل من استمراره في مثل هذا العمل، مهما كانت فترة الاستمرار قصيرة.

وغالبا ما يشعر العامل الذي يؤدي عملاً رتيباً بالملل. والذي هو حالة نفسية معقدة تتوقف على عوامل شخصية وعوامل خارجية. فمن العوامل الشخصية، الاتجاه النفسي للعامل إزاء عمله، ووجهة نظره إليه كما تتوقف على ذكاء الفرد ومزاجه. ومن العوامل الخارجية نوع العمل وظروفه.

ويمكن أن تخف حدة مشكلة الملل بطرق عدة. منها: العناية باختيار العاملين والموظفين. فلا يختار إلا الشخص الذي يتناسب ذكاؤه مع عمله. و الاختيار المناسب لتوقيتات فترات الراحة خلال العمل. وإفهام العامل صلة عمله بشركته، وأهمية ما يقدمه من إنتاج. يزيد من شعوره بقيمة عمله وهو شعور قد يذهب الملل أو يقلل من فرصة ظهوره، وكذلك التوزيع والتغيير في شكل العمل.

حوادث العمل:-

وهي كل ما يحدث دون أن يكون متوقع الحدوث، ممـا يـنجم عنه ضرر للنـاس، أو الأشياء. فالحادثة هي الأمر الذي لا يحقق التوقع الظاهر أو الكامن للأمان أثناء العمل.

وهنالك نوعان من الأسباب:-

- أسباب شخصية تتعلق بالخبرة والعمر والذكاء والحالة النفسية للعامل والصحة العامة .

- أسباب خارجية كالإضاءة و التهوية وأنظمة السلامة المهنية.

الفصل الثاني عشر

تقويـم الأداء

الفصل الثاني عشر
تقويــم الأداء

أهمية تقويم ألأداء

يعرف التقويم بأنه آلية التغذية الاسترجاعية الأساسية التي تساعد على رفع لمستوى الأداء ، إن تقويم الأداء في ميدان الإدارة كان وما يزال محل اهتمام علماء النفس التنظيمي، طيلة العقود التي مضت بصفته الأساس لاتخاذ القرارات التنظيمية. وفي نفس الوقت يساعد على توفير معلومات جديدة تتعلق بمصادر القوة والضعف لدى العامل الخاضع للتقويم، بغرض الضمان إن عملية التقويم سوف تساعد على تحفيز ونمو العامل مهنيا . كذلك ما يتعلق بمكافئة العاملين وترقياتهم وتحديد من هو بحاجة إلى تدريب أضافي وغير ذلك بما يحفز العاملين على الأداء الجيد، ويساعدهم على النمو وذلك بجلب انتباه المعنيين بالأمر إلى مصادر القوة والضعف التي وجدت في الأداء السابق .

إن تقويم الأداء على أساس منتظم يعد أداة قيمة في مجال أرشاد ونصح العاملين وتشجيع تطويرهم الذاتي . والأداء الفردي الموجه بشكل صحيح هو اتصال ذو طريقين من خلاله يطلع المستخدم على مشاعر مديرة إزاء أداءه، وكيف يمكن تحسين أدائه وما هي الفرص المستقبلية أمامه، وماذا بإمكانه إن يفعل ليساعد نفسه على التطور مهنيا. و المدير بدورة يمكن أن يقرر بشكل واقعي طبيعة أداءه والتقويم هو أيضاً آلية فعالة عند النظر في ترقية الدرجة وعند أخبار المستخدم عن سبب عدم بلوغ راتبه قمة التصنيف الذي هو فيه.

وإذا كان من الأفضل أن يشارك كل من يمسه المشروع في التخطيط له فمن الضروري أن يشارك أيضا في تقويمه أو يشمل أعضاء اللجنة المكلفة ، بالبرنامج والعاملين بالمؤسسة ككل .

إن المدخل الرئيسي لإنجاح التنفيذ، هو الرقابة والمتابعة التي يعد التقويم أخطر مراحلها مما يستوجب تحقيق جو نفسي يسوده التفاهم الايجابي بين المنفذ ورئيسه. ويجب أن يكون ذلك قائماً على الالتزام بتحقيق التفوق وحافز المزيد من العمل والعطاء . ومن الأمور المهمة منح المكلف بالتقويم والرقابة الصلاحيات اللازمة والكافية لتأدية مهمته واتخاذ ما يلزم من الإجراءات التصحيحية المناسبة سواء في ما يتعلق في الأفراد أو بالبرنامج .

ويمكن الحصول على بيانات عن الأداء بعدة وسائل منها :-

- الملاحظات الشخصية : وتعني الحضور إلى مناطق العمل وتدوين ملاحظات شخصية عما يجري من نشاط.

- التقارير الشفوية : وتشترك في بعض عناصر الملاحظات الشخصية من حيث نقل المعلومات شفويا بالاتصال الشخصي المباشر .

- التقارير التحريرية : وتركز على البيانات الشاملة والقابلة للتكييف من أجل الحصول على إحصاءات دقيقة ومفصلة ويمكن مراجعتها واستكمالها عن طريق التقارير الشفوية والملاحظات الشخصية ، كما توفر التقارير المكتوبة تسجيلا للبيانات بغرض المقارنة أو الدراسة مستقبلاً.

- المسح العام : و هو مفيد في حالة جمع البيانات من أشخاص كثيرين ، ومن الوسائل المستخدمة في ذلك مسك نماذج للتقويم تحوي أسئلة محددة عن أحد النشاطات أن الأهداف التنظيمية لأي منظمة لا يمكن أن تتحقق إلا على أيدي عمال وموظفين أداريين أكفاء لهم القدرة على تحمل المسؤوليات المختلفة وتأدية المهام والواجبات المسندة إليهم على الوجه الأكمل .

إن المعلومات المترتبة عن عملية تقويم الأداء تستعمل من قبل الإدارة كحلقة اتصال بين نشاطات الموظفين والعمال على اختلافهم ، وتقويم الأداء تعتبر نظاما ضابطا له مظهران: مظهر التغذية الراجعة ومظهر التغذية الأمامية . وكأسلوب للتغذية الراجعة فانه يرسل المعلومات إلى الخلف والى هؤلاء الذين تضمنتهم أو شملتهم عملية الاستقطاب والاختيار والانتقاء والتدريب على الرغم من أن هناك عوامل أخرى تؤثر على الأداء الوظيفي ، نجد أن النمط الضعيف من العمال الجدد يشير إلى أن الأساليب التي بواسطتها تم توظيفهم هي بحاجة إلى أعادة النظر فيها .

وكأسلوب للتغذية الأمامية، فان تقويم الأداء يمدنا بمعلومات تتعلق أو تخص توزيع الحوافز الفردية مستقبلاً، ويمدنا أيضا بمعلومات تتعلق باحتياجات الأفراد للنمو وبرمجة الموارد البشرية في المستقبل .

لقد ظهرت الوسائل والطرق المنظمة لتقويم أداء العاملين مباشرة بعد الحرب العالمية الأولى وكان (ولتر ديل سكوت) أول من تبنى وأدخل ما أسماه حينئذ بنظام (التقدير من إنسان لأخر) بهدف تقويم الضباط العسكريين ، وللأسف لم تأخذ المنظمات بهذا النظام إلا في أواخر العشرينات وأوائل الثلاثينات من القرن الماضي، حيث بدأ علماء النفس التنظيمي والصناعي بوضع هيكل أو بنية منطقية لأجور

العمال، وبهذا وضعوا سياسة تقول بأن زيادة مستوى الأجور ينبغي أن تكون مبنية على الاستحقاق ، ولذا كانت نظم التقويم تسمى في البداية ببرامج ((تقدير الاستحقاق))

أهداف تقويم الأداء

يعد التقويم إهدارا للوقت والمال ما لم تتم الإفادة من نتائجه والاعتماد عليه عندما يخطط العامل مساره الوظيفي والطرق التي تمكنه من تنمية نفسه وكما يرى أفنس - Evans) (1986) إن أهداف التقويم هي :-

1- تحديد فما إذا كان العامل في وظيفة معينة باستطاعته أن يستعمل ويستثمر مهارته وموهبته بطريقة أكثر فعالية و فائدة .

2- الوقوف على الإمكانيات الحقيقية المختلفة للعامل .

3- تحديد فيما إذا كان من الممكن أن يستمر العامل في وظيفته هذه مستقبلا أو نقله إلى عمل آخر أكثر ملائمة لقدراته ومؤهلاته ومهارته أو ترقيته إلى وظيفة أعلى من وظيفته الحالية أو دفعة إلى التقاعد المبكر.

4- تحديد الوظيفة أو الوظائف ذات الاستحقاق الخاص والتي تم أداؤها في أثناء فترة المراجعة.

5- تحديد المهام أو المجالات التي يكون فيها الأداء أقل من المستوى المطلوب والغرض من ذلك هو إدخال بعض التحسينات على هذه المهام أو الجوانب وذلك عن طريق برنامج تدريبي مناسب .

6- تحديد الاحتياجات التدريبية للعامل .

7- تشجيع وتحفيز العامل على تحسين أدائه ورفعة إلى المستوى المطلوب .

8- تحديد أية صعوبات قد يواجهها العامل في عملة ومن ثم توفيرها بالوسائل المساعدة لمواجهة هذه الصعوبات، سواء كانت مشاكل شخصية، أو مخاطر تحيط بالعمل، والتي لم يتسنى للإدارة والمشرفين اكتشافها في السابق .

9- تحسين شبكات الاتصال بين المديرين والعاملين .

10- مساعدة المدير أو المشرف على اتخاذ القرارات بشأن مستوى زيادة الرواتب أو التوجيه بتلك الزيادة على أساس الاستحقاق خلافا للزيادة على أساس أداء العمل فقط.

11- المساعدة على خلق مؤسسة أكثر فعالية يكون فيها الموظفون والعمال لا يعرفون ماهية العمل المسند إليهم فقط ، بل أيضا الأسباب التي تدفعهم إلى ذلك إضافة إلى مدى أجادتهم في عملهم هذا .

ويضيف (حنفي 1990) أهداف أخرى للتقويم أضافه إلى ما سبق ذكره هي :-

1- يستخدم كأساس لتعديل أجر أو مرتب الفرد.

2- يفيد في تقرير من ينقل من الإفراد إلى وظيفة أو عمل آخر،ومن ثم ترقيته ، ومن يستغنى عنه .

3- يستخدم كأساس في تحديد أساليب ووسائل الاختيار والتي تتلاءم ومتطلبات العمل .

4- مدخل أو أساس في تحديد الاحتياجات التدريبية للفرد.

5- يفيد كمدخل لتخفيض قوة العمل

كيفية ممارسة تقويم الأداء وتحسينه

إن الكثير من التقويمات تجرى ثم تهمل ولا تتابع. و لتفادي ذلك ينبغي أتباع ما يأتي :-

أ- نشر نتائج التقويم وتعميمها على المعنيين بالبرنامج .

ب- مناقشة التقويم عبر ممارسة الشورى و استخدام أساليب المجموعات وحلقات التدفق الذهني ، وما إلى ذلك .

ج- وضع خطة لتعزيز الأداء الجيد وتصحيح مواقع التقصير، ثم تنفيذها .

د- عدم تخزين تقارير التقويم على الرف ونسيانها .

ولتحسين عملية تقويم الأداء ينبغي التأكد من أساليب التقويم وأدواتها المختلفة، فهل كانت البيانات الواردة صحيحة ؟ وهل كانت أكثر من المطلوب أم أقل ؟ وهل وصلت في الوقت المحدد لتسليمها ؟ وهل كانت وسائلنا لجمع المعلومات متفقة مع أخلاقياتنا أم لا ؟

إن طرح مثل هذه ألأسئلة تساعد على اختيار الشكل المناسب لتقويم الأداء وتحديد نقاط الضعف في الطرق المتبعة فيه .

كما يستحسن أن يتم تقويم الأداء بصورة منتظمة بدلا من الاكتفاء بتقويم روتيني واحد فقط في السنة ، مما سيعين على الاستفادة من التقويم أثناء التنفيذ ، ولا ينبغي تقويم البرامج المتعثرة أو المنخفضة فقط،

بل يجب تقويم البرامج الناجحة أيضا ، للتعرف على عوامل التوفيق وزيادة فعاليتها في العمل.

وعلينا إجراء تقويمات للمتابعة لتحديد النتائج المستديمة للتدريب والمجالات التي أثبت المتدربون فيها أكبر أو أقل قدر من النجاح والتقدم .

إن مقارنة نتائج التقويم النهائي مع نتائج تقويم المتابعة عند نقاط معينة تعطينا مؤشرات قيمة حول مستوى تحصيل المشاركين في التدريب.

المصـــادر

المصـــادر

1. أبو النيل، محمود السيد (1985) **علم النفس الصناعي**، بحوث عربية وعالمية دار النهضة العربية، بيروت.

2. بــاركر، بــراون، و ســميث تشــايلد (1989) **علـــم الاجـــتماع الصــناعي**، ترجمة: د. محمد علي محمد و آخرون، دار المعرفة الجامعية، الإسكندرية، مصر.

3. جابر، جابر عبد الحميد (1986) **نظريات الشخصية** ، دار النهضة العربية، القاهرة.

4. الجبوري، محمد محمود عبد الجبار (1990) **الشخصية في ضوء علم النفس**، جامعة صلاح الدين كلية التربية.

5. جيلفورد، ج.ب و آخرون (1983) **ميادين علم النفس النظرية والتطبيقية**، ترجمة د. يوسف مراد و آخرون، المجلد الثاني، الطبعة السادسة، منشورات جماعة علم النفس التكاملي، دار المعارف، القاهرة.

6. حسـن، أحمـد حربي(1989) **علم المنظمة**، دار الكتب للطباعة والنشر، جامعة الموصل.

7. حمزة، كريم محمد، و عبد الكريم محسن باقر (1991) **علم النفس الإداري**، مطبعة دار الحكمة للطباعة و النشر، وزارة التعليم العالي و البحث العلمي، هيئة المعاهد الفنية، بغداد.

8. الخطيب، رداح و آخرون(2000) **الإدارة و الإشراف التربوي إتجاهات حديثة**، الأردن، اربد دار الأمل، ط3.

9. الخطيب، رداح ، و وفاء الأشقر(1996)، **الأنماط القيادية السائدة   في جامعة اليرموك و العلوم التكنولوجيا الأردنية**، مجلة إتحاد الجامعـات العربية، العـدد (31)، ك2،.

10. دافيدوف ، (1983) **مدخل علم النفس** ، ترجمة: سيد الطوب وآخرون ، ط(3) الدار الدولية للتوزيع والنشر ، القاهرة

11. الداهري ، صالح حسن وناظم هاشم العبيدي (1994) **الشخصية والصحة النفسية** ، جامعة بابل . كلية التربية .

12. راجح ، أحمد عزت ، **أصول علم النفس** ، المكتب المصري الحديث للطباعـة والنشرـ ، القاهرة .

13. الزبيدي ، إبـراهيم عبـد الهـادي (1991) ، **علم النفس الصناعي** ،   دار الحكمـة للطباعة والنشر ، بغداد .

14. الزبيدي ، كامل علوان (2002) **علم النفس الصناعي** ،   الـدار الجامعيـة للطباعـة ، بغداد .

15. زويلف ، مهدي حسـن (1982)، **علم النفس الإداري ومحددات السلوك الإداري** ، الجامعة المستنصرية ، بغداد .

16. السلمي ، علي ، **السلوك الإنساني في الإدارة**، القاهرة، مكتبة غريب .

17. سليمان ، حنفي محمود ، (1998) ، **وظائف الإدارة** ، مكتبة ومطبعة الإشعاع الفنية ، القاهرة .

18. شلتز ، دوران (1983) **نظريات الشخصية** ، ترجمة عبد الرحمن القيسي وحمد دلي الكربولي ، بغداد مطبعة جامعة بغداد .

19. صالح أحمد زكي (1973) ، **علم النفس في الإدارة والصناعة** ، النهضة الحديثة ، القاهرة .

20. الطراونة ، سليمان محمد إبراهيم (1999) **الأنماط القيادية لرؤساء الأقسام في الجامعات الأردنية الرسمية والأهلية وعلاقتها بالرضا الوظيفي لأعضاء هيئة التدريس** ، (أطروحة دكتوراه غير منشورة)، جامعة بغداد ، كلية التربية ، ابن رشد .

21. الطويل ، هاني عبد الرحمن (1986) **الإدارة التربوية والسلوك المنظم** ، عمان، الجامعة الأردنية .

22. طه ، فرج عبد القادر (1988) **علم النفس الصناعي والتنظيمي** ، ط6 ، دار المعارف ، القاهرة .

23. عبد الخالق ، أحمد محمد (1990) **أسس علم النفس** ، دار المعرفة الجامعية ، الإسكندرية ، مصر .

24. عبد الخالق ، ناصيف (1982) **الرضا وأثره على إنتاجية العمل** ، المجلة العربية للإدارة ، العدد الأول السنة السادسة .

25. عبد المجيد ، سامي وحسن خطاب (1986) ، **الرضا عن العمل لدى المديرين** ، بغداد المركز القومي للاستشارات .

26. علي ، عيسى، 2006، **الإدارة التربوية و نظرياتها** ، جامعة دمشق.

27. علي ، كريم ناصر (2006) **الإدارة والإشراف التربوي** ، فينوس للطباعة والترجمة، بغداد.

28. عليمات، محمد (1994) <u>الرضا عن العمل لدى معلمي التعليم الثانوي المهني في الأردن</u>، مجلة أبحاث اليرموك، المجلد العاشر ، العدد الأول.

29. عوض، عباس محمود، (بدون تاريخ)، <u>حوادث العمل في ضوء علم النفس</u>، دار المعارف، القاهرة.

30. عوض، عباس محمود(1988) <u>دراسات في علم النفس الصناعي والمهني</u>، دار المعرفة الجامعية، الإسكندرية، مصر.

31. العيساوي، كريم ناصر علي، (1997) <u>برنامج تدريبي مقترح للمشرفين التربويين في ضوء كفاياتهم اللازمة</u> (أطروحة دكتوراه غير منشورة)، كلية التربية، الجامعة المستنصرية، بغداد.

32. القريوتي، محمد قاسم (1993) <u>السلوك التنظيمي</u>، مطبعة الاستقلال للنشر والتوزيع، عمان، الأردن.

33. القريوتي، محمد قاسم و مهدي حسن زويلف(1993) <u>المفاهيم الحديثة في الإدارة، النظريات و الوظائف</u>، ط3 ، المكتبة الوطنية، عمان ، الأردن.

34. كاير، جوزيف (1996) <u>التغيير الاجتماعي والإدارة المتكيفة</u>، ترجمة: محمود الخطيب و محمد الهويدي، مكتب الكلية ، عمان، الأردن.

35. كشرود، عمار الطيب (1995) <u>علم النفس الصناعي والتنظيمي الحديث</u>، منشورات جامعة قاريونس، بنغازي، ليبيا.

36. كشك، محمد بهجت جاد الله (1985) <u>المنظمات وأسس إدارتها، مدخل إلى إدارة المؤسسات الاجتماعية</u>، المكتب الجامعي الحديث، محطة الرمل، الإسكندرية، مصر.

37. مـاهر، أحمـد (1986) <u>السلوك التنظيمـي، مـدخل بنـاء المهـارات</u>، المكتـب العربي الحديث.

38. نيول، كلارنس (1988) <u>السلوك الإنساني في الإدارة التربوية</u>، ترجمة: طه الحاج إلياس و محمد خليل الحاج خليل، الدار العربية للتوزيع و النشر، عمان، الأردن.

39. هاشم، زكي محمود (1989) <u>إدارة الموارد البشرية</u>، جامعة الكويت.

40. اليونسكو (1996) <u>السلوك الإنساني في الإدارة التربوية</u>، (أربع حلقات)، ترجمة: مكتب التربية العربية لدول الخليج العربي، الرياض.

41. Blake, R. R. and Mouton, J. S. (1985) <u>"The Managerial Grid III The Key to Leadership Excellence"</u> Houston: Gulf Puble.

42. Gray, J. L. and Stark, F. A. (1988 <u>) "Organizational Behavior: Concepts and Applications"</u> Columbus: Merrill puble. Company.

43. Grunberg, Micheal, M. (1979) <u>" Understanding Job Satsfaction"</u> London, The Memillan press, LTD.

44. Grunberg, M. P.& Wall, T. (1984) <u>" Social Psychology and Organizational Behavior "</u> John and sons, Chichester.

45. Handy, S. (1996 <u>)" New Language of Organization"</u> Hachims.

46. Hersey, Paul and Blanchard, Keneth, H. <u>" Leadership Style: Attitudes and Behavior"</u> Training and Development Journal, May, 1992.

47. Koontz, H. and Weihrich (1989 <u>)" Management "</u> 9th edition, New York: Mc Graw Hill.

48. Mullis, L. J. (1989) <u>" Management and Organizational Behavior "</u> 2end edition, London, Pitman publ. Co.

49. Richard, N. (1982) <u>" Management Theory, Process"</u> New York, CBC Colleg Publishing.

50. Smither, R. (1988) " Psychology of Work " New York: Harper and Row.

T0157104

Printed in the United States
By Bookmasters